LE

DROIT PUBLIC

DE LA FRANCE,

EN MATIÈRE DE RÉGENCE.

LE

DROIT PUBLIC

DE LA FRANCE,

EN MATIÈRE DE RÉGENCE,

ÉTABLI PAR LA DISCUSSION DES FAITS QUI ONT EU LIEU A L'OCCASION
DE LA MINORITÉ DES ROIS.

> Toutes vérités ne sont pas bonnes à dire,
> mais elles sont toutes bonnes à entendre.
> Mme DU DEFFANT.

Paris.

IMPRIMERIE DE CASIMIR,
RUE DE LA VIEILLE-MONNAIE, N° 12.

1832.

LE

DROIT PUBLIC

DE LA FRANCE

EN MATIÈRE DE RÉGENCE.

Cet écrit n'est ni un conte, ni un roman, ni une satire, ni un pamphlet, ni une dissertation philosophique, ni une méditation poétique, ni une œuvre d'imagination, ni une production d'esprit; c'est tout simplement un travail de patience, une longue page d'histoire offrant par ordre, et année par année, une suite de faits de même nature.

Il y a tel antique monument dont l'aspect est plus persuasif qu'un discours de Socrate, plus entraînant qu'une oraison de Cicéron, plus foudroyant qu'une harangue de Démosthène; c'est que les pierres et le marbre ont leur éloquence. De même les faits historiques ont leur logique, mais impitoyable pour tout esprit faux ou de mauvaise foi. Vainement les sophismes idéologiques de M. Guizot, les paralogismes hypocrites de Gibbon, les menteries fallacieuses de M. Félix Bodin, noient la vérité de l'histoire dans des flots de paroles; le public veut des preuves plutôt que des utopies; et la logique des faits est bien mieux comprise des esprits les plus ordinaires que les billevesées de l'école voltairienne.

A voir l'empressement que, tout récemment encore, le *Moniteur* mettait à publier certaines pièces émanées d'une autorité dont il se moque officiellement; à examiner la scrupuleuse exactitude avec laquelle tout ce qui a intérêt à crier haro sur la légitimité, ramasse le moindre acte de la prétendue *régence* de Madame, duchesse de Berri, on dirait que Henri V règne d'Holy-Rood sur la terre de

1

France par le noble dévouement de sa généreuse mère, et qu'il est aux portes des Tuileries.

Nous en qui la crainte d'un retour de fortune si inattendu n'a pas troublé la raison, nous nous sommes demandé, en lisant le récit des actions que l'on prête à l'intéressante veuve du 13 février, si, aux termes où en sont les choses, quelques précédens historiques autorisaient Marie-Caroline, duchesse de Berri, à prendre le titre de *régente*, et à en exercer les pouvoirs.

Sans vouloir rien préjuger sur le plus ou le moins d'authenticité des proclamations, lois, ordonnances ou réglemens que l'on a dit promulgués par la princesse, nous avons cru que ce serait agiter une question à la fois utile et opportune que de passer en revue et de mettre à la portée des moins éclairés en ces matières les différens cas de *régence* qui se sont présentés depuis l'origine de la monarchie française jusqu'à nos jours. Matière vaste et délicate sans doute, dans laquelle le *droit de déférer la régence*, et les *capacités requises pour l'exercer*, sont tellement inséparables, qu'il est presque impossible de parler de l'un sans exposer, en même temps, ce qui constitue les autres.

S'il nous eût été possible de nous borner au simple narré des faits, nous n'eussions pas mieux demandé; car nous savons que le public est assez bon juge pour en tirer les conséquences; mais qui ne serait rebuté par la partie la plus aride de l'histoire, la pure chronologie des faits réduits à leur quintessence, s'il lui fallait d'avance faire abnégation complète de ses idées, de ses réflexions? L'auteur d'un premier essai aurait-il été présomptueux, s'il ne demandait à l'indulgence des lecteurs l'autorisation de jalonner le champ qu'il va parcourir avec eux ?

Quoique les mots de *régent* et *régence* n'aient été employés, dans nos annales, que vers le commencement du xiv⁰ siècle, lorsque Philippe, frère aîné de Louis-le-Hutin, reçut des barons du royaume la curatelle au ventre de l'enfant qu'allait bientôt mettre au monde Clémence, veuve de Louis, nous devons avertir que ces mots sont, dans ce tableau historique, employés fréquemment, au lieu des titres de *gardien du royaume, administrateur, lieutenant du roi, faisant les fonctions de roi,* et tels autres qui en sont les équivalens, dans les Chroniques, Chartres, Diplomes, Lettres, Édits, Réglemens et Ordonnances des temps précédens (1).

Ce qui constitue le droit public d'une nation, ce sont moins les chartes écrites et les constitutions improvisées dont les meneurs de peuples en révolution se montrent si prodigues, que le corps de ses lois, usages et coutumes, tel qu'il se résume par la succession des temps, d'après les besoins des diverses époques, reposant sur les exemples du passé comme sur une base inamovible. Or, quand il s'agit d'établir le *Droit public de la France en matière de régence,* il semble que jamais aucun exemple, aucune décision, aucun précédent, n'aient caractérisé d'époque dans notre histoire : des principes, assez peu ; des faits, ils surabondent ; mais malheureusement il manque aux uns et aux autres cette continuité constante, invariable et presque uniforme qui, dans les fastes de tous les peuples, est regardée comme donnant à l'usage ou à la coutume force de loi. Pasquier (2) et quelques autres ont vainement cherché à nous laver du reproche de légèreté : quelle nation offre plus que la nôtre un tableau mouvant et variable à l'infini, dans l'ensemble de ses mœurs ?

De quelque côté qu'on les considère, les Français sont toujours, selon l'expression d'un poète, *le peuple roi, la nation femme.*

Qu'on se garde donc bien de s'y méprendre : le point qui nous occupe, quoique l'un des plus importans de toute notre histoire, offre, plus qu'aucun autre, un chaos d'élémens divergens, dont le propre apparent est de se détruire les uns par les autres à force d'oppositions et de contradictions.

<hr>

(1) Vignier. Sommaire de l'Histoire de France. — Dupuy. Traité de la Majorité des rois, tom. 1, p. 16 et 17, et Preuves du Traité de la Majorité, tom. 1, p. 16, 17 et 18.

(2) Des Recherches de la France, liv. 1, ch. 4.

Cependant, il faut l'avouer, la discussion des faits, ramenée à sa plus simple expression, ne tarde pas à conduire un esprit tant soit peu juste et impartial à des conséquences rigoureuses : arrivé là, l'œil d'un observateur exercé à la saine et judicieuse critique ne manque jamais de les saisir à mesure qu'elles découlent aisément et naturellement du petit nombre de principes qu'il a pu remarquer comme dominans. C'est ainsi qu'après avoir réuni tous ces faits comme en un petit tableau, on aperçoit le *droit* inhérent à la couronne des premiers rois, de *déférer* la tutelle de leurs enfans mineurs et la garde de leur royaume à une personne de leur choix; c'est ainsi que, faute par eux d'y avoir pourvu, on voit les représentans de la nation y suppléer, prétendre par la suite que le choix du souverain avait besoin de leur confirmation; les rois euxmêmes reconnaître ce privilége en grande partie; le parlement enfin s'arroger insensiblement le ministère des États, sous les derniers règnes, et l'exercer avec plénitude et presque sans réclamation. Il est vrai que ce corps avait coutume d'enregistrer les réglemens concernant les tutelles et les régences; mais qui croira jamais qu'il pût, en conséquence, s'attribuer le droit de les modifier et annuler; se substituer, à cet égard, aux assemblées nationales, quand elles n'étaient point convoquées; obéir au crédit de l'intrigue, pour exercer des droits dont la reconnaissance ne pouvait manquer de le flatter, mais qu'après tout il ne devait qu'à la hardiesse et à l'usurpation ?

Passant du droit à la *capacité* des personnes appelées à la *régence*, on remarque de même, avec satisfaction, que le choix des monarques et des assemblées se fixa quelquefois sur le mérite, de préférence à la *proximité du lignage*; que pourtant la parenté, dans un plus grand nombre de cas, fut un titre respectable; que surtout quand la tutelle était séparée de la *régence*, la maternité devint une considération majeure, pour ne pas dire un titre, qui l'emporta sur tout autre (1); qu'après tout, l'usage prévalut de sup-

(1) Pasquier. Des Recherches de la France, liv. ii, ch. 16.

pléer au défaut de lumières et d'expérience des *régens* ou *régentes* de droit, par l'adjonction d'un conseil : afin de conserver aux parens du prince mineur une salutaire in-fluence, on eut soin de faire une nécessité de leur admis-sion dans ce conseil ; mais aussi, afin de neutraliser la force des intérêts personnels, on en fit une autre de l'assistance indispensable à la délibération des personnages les plus connus dans l'État par leur sagesse et par leur instruction, partie avec voix consultative seulement, partie avec voix consultative et délibérative tout à la fois.

Il est temps, maintenant, d'aborder de front la question et de bien faire comprendre ce que nous entendons par *régence :* Nous la définissons *l'administration de l'État confiée à un ou plusieurs chargés de suppléer le souverain, dans le cas d'incapacité à gouverner par lui-même, pour cause de maladie, de captivité, d'absence volontaire ou de minorité.* Est-ce bien cela ?

Cette définition une fois admise, il est important, pour procéder avec plus de méthode, d'envisager un à un les cas de *régence* que présente chacune des trois dynasties de nos rois, et les branches et rameaux de chaque dynas-tie, dans le cours de quatorze siècles, durée de la véritable monarchie en France.

PREMIÈRE RACE.

On ne saurait disconvenir que le régime introduit dans les terres de France par Hugues-Capet, lors de son avé-nement au trône, n'ait été tout différent de celui suivant lequel les Mérovingiens et les Carlovingiens avaient gou-verné avant lui. Ceux-ci avaient administré les domaines de la couronne comme un véritable bien patrimonial ; tandis que le père des Capétiens fit de ses États un grand fief, dont le premier et le plus beau titre fut la suzeraineté d'une immense quantité de grands et de petits vassaux, relevant de la couronne à des conditions plus ou moins différentes, mais toujours avantageuses à son gouverne-ment.

La conséquence de cette différence d'administration est importante ; car si les rois des deux premières races transmettaient, sans aucune opposition, la monarchie comme un héritage, il est incontestable qu'en vertu de ce même droit que nos lois modernes ont conservé au père de famille (1), ces princes pouvaient régler la tutelle de leurs enfans mineurs et l'administration du royaume, qui en était alors et de fait inséparable, selon qu'il leur plaisait d'aviser. Ainsi, c'est parce que Gontran, petit-fils de Clovis-le-Grand, avait pu, en 591, faire une donation solennelle de ses États à Childebert, son neveu ; parce que plusieurs rois, avant ou après lui, avaient partagé leur royaume entre leurs enfans, qu'il fut permis, en 647, à Dagobert I, de confier la tutelle du jeune Clovis II à Éga, simple membre du conseil, qui n'était ni le parent ni l'allié de la famille royale, mais homme d'un mérite supérieur pour ce temps-là. Nanthilde, mère du roi mineur, femme d'une capacité reconnue, puisque, du consentement d'Éga, elle gouverna avec lui tant qu'il vécut, et seule, après sa mort, ne fut point appelée à la *régence* par la volonté du roi (2).

Quelque arbitraire que pût être cette volonté, elle fut toujours respectée, pourvu qu'auparavant il fût reconnu qu'elle avait été réellement manifestée : dans le cas contraire, les *grands* ou *barons* s'assemblaient et y suppléaient d'office. Voilà pourquoi sans doute, après l'assassinat de Chilpéric Ier en 584, Gontran, oncle du roi mineur Clotaire II, fut évincé de la tutelle à laquelle il aspirait : les grands la revendiquèrent comme leur appartenant ; et le titre qu'ils produisaient était basé sur ce qu'ils avaient fait pour leur roi, en le proclamant les premiers, et en lui faisant prêter serment par toutes les villes de ses États. Il est bien vrai que Frédégonde, mère de cet enfant, vint à bout d'arracher la tutelle aux grands ; mais ce fut uniquement à ses

(1) Code civil, liv. 1, tit. x, ch. 11, sect. 1re, 390 et suiv.
(2) Gesta Dagoberti, p. 586. — Aymoin, ch. 33, liv. 4. — Frédégaire, p. 763.

démarches, prières et menaces que ceux-ci cédèrent lorsqu'ils consentirent à s'en dessaisir (1).

Quand Batilde, autrement Baudour de Saxe, eut, en 665,
conjointement avec Erchinoald, la tutelle de son fils Clotaire III et l'administration des affaires tant qu'il serait
mineur, ce fut des *Francs* qu'elle obtint ce pouvoir dont
le maire Ébroïn ne tarda pas à la dépouiller. Ces mêmes
Francs avaient accordé, en 578, le même avantage à
Brunehault, sur la demande des Austrasiens, jaloux de
la voir tutrice de leur jeune roi Childebert II ; ils en firent
autant, l'an 590, en établissant tutrice de Théodebert II et
de Thierry II, Brunehault encore, grand-mère de ces deux
enfans, que pourtant elle avait privés de leur père. Les
motifs qui agirent, en ces circonstances, sur l'esprit des
seigneurs, durent être fort puissans ; mais, quoi qu'il en
soit, ces exemples prouvent, à ne pouvoir en douter, que
s'il y eut, sous les Mérovingiens, des mères et grand'-
mères à la fois tutrices et *régentes*, ce ne fut jamais par
la conséquence d'un droit, mais par l'effet d'un choix ou
libre et volontaire, ou forcé, en ce sens qu'il était le résultat des intrigues et peut-être même de la crainte (2).

DEUXIÈME RACE.

Louis-le-Bègue à ses derniers momens, en 879, avait
laissé la tutelle de ses enfans à Hugues, abbé de Saint-
Denis, dit le Blanc ou le Grand. Les seigneurs témoins de
ses dernières volontés se chargèrent, à sa prière, de
veiller aux intérêts des mineurs.

Ce qui se passa après la mort de Louis offre un double
exemple également important à remarquer, parce que la
seconde dynastie n'en a pas eu davantage, et parce qu'il
met dans le plus grand jour le soin constant et invariable
des grands du royaume de cette époque, à ne laisser échap-
per aucune occasion de montrer qu'en fait de *régence*, le
pouvoir de la déférer à leur gré leur était dévolu.

(1) Grégoire de Tours, liv. 7, ch. 4 et 5 ; liv. 8, ch. 31 et 42.
(2) Aymoin, ch. 43, liv. 4. — Frédégaire, ch. 92.

Comme, en effet, Louis III et Carloman, ou du moins leur tuteur, en leur nom, s'apprêtaient à prendre les rênes de l'État, les seigneurs assemblés à Meaux prétextèrent la double union du père avec Ansgarde, femme de bas lieu, mais légitime, et Alix ou Adélaïde, femme de haut rang, mais mariée irrégulièrement après la répudiation non fondée d'Ansgarde et de son vivant, pour contester à Hugues le titre dont il était revêtu.

Ce fut bien pis encore quand, se fondant sur ce que, dans la situation où étaient les choses, il fallait à la France non des enfans pour rois, mais un chef d'un âge mûr, ils jetèrent les yeux d'abord sur Louis de Bavière, puis furent sur le point d'élever à la royauté Charles, troisième fils de Louis-le-Germanique, oncle des mineurs à la mode de Bretagne. Pour cette fois, la légitimité conserva ses droits; mais ce fut pour les perdre, un peu plus tard, après la mort des deux jeunes rois, qui survint par suite de deux accidens tout-à-fait imprévus.

Charles, enfant posthume de Louis II par Alix, allait naturellement succéder à ses deux frères consanguins, lorsqu'à son préjudice, au mépris des droits les plus sacrés, les mieux reconnus et les plus solidement établis, malgré les instantes réclamations de Hugues, demeuré son tuteur, les seigneurs, opposant toujours le jeune âge du prince, commencèrent par charger de la tutelle ce Charles dont nous avons parlé, devenu depuis lors l'empereur Charles-le-Gros.

Ce prince, à qui les plus judicieux historiens (1) ont refusé un rang numérique parmi les rois de France du nom de Charles; à qui son énorme corpulence et sa lourde stupidité valurent le surnom de *Crassus* qui lui est resté, surnom dont nous laissons l'interprétation véritable au burin de la *Caricature* ou à la subtile pénétration des *Cancans*, eut pourtant le crédit de se faire affubler du titre de roi. Cette sotte usurpation ne demeura pas impunie, car ceux-là même auprès des-

____

(1) Hénaut. Nouvel abrégé chronologique, année 884.

quels il l'avait mendiéè par d'odieuses complaisances, et qui ne lui avaient accordé leur suffrage qu'en faveur de son ineptie, dans l'espérance de régner sous son nom, le laissèrent bientôt dans la solitude la plus complète; en telle sorte qu'empereur et roi tout ensemble, dépouillé de cette double dignité, puis déposé et couvert du plus profond mépris, la misère lui fit regarder comme un bonheur de pouvoir accepter un canonicat de l'église de Mayence dont les revenus alimentèrent les restes de sa carrière avilie.

Après ces événemens, il semble que Charles III dût entrer dans ses droits; mais il n'avait que dix ans, et Hugues, qui venait de réntrer dans le cloître, avait cédé la *régence* à Eudes, son frère, homme le plus ambitieux qui fut jamais. Ce fut à une-bien faible majorité et avec des clauses fort ambiguës que cet Eudes fut déclaré roi dans l'assemblée des grands qui se tint à Compiègne, en 888 : il garda ce titre neuf ans durant, au bout desquels, se voyant près de sa fin, un remords de conscience lui fit demander en grâce, à l'assemblée des seigneurs, que Charles-le-Simple fût enfin proclamé et reconnu : il emporta au tombeau cette satisfaction (1).

TROISIÈME RACE.

Il nous sera désormais plus facile de constater les faits, attendu que les monumens ne nous manqueront plus. Devons-nous espérer pour cela que les règles fixes, au sujet des minorités, s'accroissent et se confirment? Qu'on ne le pense pas ; tout au contraire, les faits que nous aurons lieu de discuter établiront, de plus en plus, ce que nous avons dit plus haut ; savoir, que les tutelles et les *régences* ont été, le plus souvent, réglées non-seulement à chaque-époque, mais pour chaque cas encore, d'après des principes tout-à-fait variables.

Nous avons déjà appelé l'attention des lecteurs sur les

(1) Continuat. d'Aymoin, liv. 5, ch. 41, et Chron. franç. de Louis-le-Jeune, ch. 9.

moyens de gouvernement adoptés lors de l'avénement de Hugues-Capet à la couronne ; il nous reste à rappeler ici que dans le même temps se fixa sans aucune réclamation, tant le besoin en était généralement senti, la loi de succession au trône, devenue, depuis lors, la plus fondamentale et la plus avantageuse du royaume ; loi par laquelle la monarchie française fut déclarée impartable, grévée de substitution de mâle en mâle, par ordre de primogéniture à l'infini.

Il n'en fut pas de même des minorités, qui continuèrent à être réglées avec la même incertitude, et toujours suivant les lois du caprice et le bon plaisir de l'arbitraire.

Malgré cela, les cas dans lesquels les femmes exercèrent la *régence* ont été plus fréquens ; car si l'on en excepte les mesures prises par Henri Ier, Louis VIII et Louis IX., la précaution qu'eurent les autres rois de laisser la *régence* à leur véuve ou à leur mère est une grande présomption en faveur de la maternité, même médiate.

L'an 1060, la mort de Henri Ier fit arriver au trône Philippe Ier, encore en âge de minorité. Sacré et couronné du vivant de son père, cet enfant, qui avait Hugues-Capet pour bisaïeul, fut reconnu roi sans difficulté. Selon une chartre à la date de 1061, citée par Dupuy, dont l'excellent traité, ainsi que celui de Robert Luyt, sur la matière qui nous occupe, nous ont été d'un grand secours, ce jeune prince aurait *régné conjointement avec sa mère, Anne-Philippe, fille de Jaroslaw I-Wladimirowitsch, czar de Moscovie, sous la tutelle des grands du royaume, à qui le gouvernement appartenait* (1).

Tous les historiens sont contraires au langage que cette chartre prête à un enfant de huit ans, la première année de son règne, et ils s'accordent à dire que le père du roi mineur avait remédié aux inconvéniens de la minorité, en pourvoyant à la tutelle de son fils et au gouvernement de l'État par la nomination formelle de Beaudoin de l'Isle, comte de Flandre. Le Frison n'avait d'autres titres à cette

____

(1) **Dupuy.** Traité de la Majorité de nos rois, t. 1, p. 61.

marque de confiance, que son mérite personnel bien connu du feu roi; d'ailleurs le surnom de Bon que lui donnèrent ses contemporains et le choix qu'avait fait de lui le roi Robert en lui donnant Adélaide, sa fille, en mariage, purent entrer pour beaucoup dans la détermination de Henri, son beau-frère (1).

S'il en fut ainsi, comme tout porte à le croire, ni la mère de Philippe, ni deux oncles, frères de son père, né purent infirmer ce choix et empêcher Beaudoin d'exercer la *régence* tout le temps que dura la minorité (2).

Ce fut encore un étranger que Louis VII appela à la tutelle de Philippe II, son fils mineur, arrière-petit-fils de Henri Ier.

Nous nous réservons de démontrer plus bas que ceux qui ont écrit que la tutelle fut mise aux mains d'Alix ou Adèle de Champagne, épouse de Louis-le-Jeune, et de Guillaume, archevêque de Reims, frère de cette reine, ont confondu la date d'un fait postérieur et immédiat, mais entièrement semblable à celui-ci (3). En attendant, nous établissons que Philippe d'Alsace, comte de Flandre, eut la tutelle du jeune Philippe, son neveu par alliance, surnommé depuis Auguste, et déjà couronné par les soins de son père.

Les États respectèrent et ratifièrent la disposition testamentaire que Louis avait faite quelque temps avant sa mort (4). Depuis, par l'influence des Anglais, toujours justement soupçonnés, suivant l'expression de deux célèbres historiens, de vouloir profiter des troubles qu'ils sèment en France, quand ils se mêlent de nos affaires (5), la reine enleva la tutelle au comte de Flandre, sans pouvoir néanmoins le priver de la *régence*. La douairière n'en de-

(1) Fragment. Historic. apud Pith., p. 86, et Chronic. Albéric. trium Font., dans le Recueil des histoires de France, tom 10, p. 357.

(2) Mabillon. Annal. Benedict, lib. 6{, p. 132. — Recueil des histoires de France, tom. ii, p. 581. — Notes. — Vignier, vie de Philippe.

(3) Dupuy, t. 1, p. 63. — Sainte-Marthe et Belleforest.

(4) Meyer. Annal. de Flandre, fol. 52, *verso.* — Le poème de la Philippide, liv. ii, p. 110. — F. Duchesne, t. v.

(5) Anquétil. Philippe-Auguste, année 1181.

meura pas là ; ses quatre fils, aidés de plusieurs seigneurs puissans, formèrent une confédération qui força le *régent* à se retirer dans ses terres, et, dès-lors, Clément de Metz, simple gentilhomme, et son frère après lui, jouirent du droit d'administrer le royaume, et gérèrent, au grand-déplaisir d'Alix, la *régence*, qu'elle avait tant ambitionnée.

Louis VII avait déjà une première fois manifesté son penchant pour les *régens* étrangers, lorsque, partant pour la croisade, en 1147, il donna, pour et sur les affaires du royaume, pleine et entière puissance à l'immortel Suger, abbé de Saint-Denis (1), le faisant assister de Raoul de Vermandois, dont la parenté à la maison royale était à un degré si éloigné, que l'on peut, sans injure, le regarder comme aussi étranger que Suger (2).

Il est à croire que l'intervention des États assemblés à Étampes, dans les dernières volontés de Louis-le-Pieux, et la confirmation qu'ils accordèrent à son choix, déterminèrent Philippe-Auguste à profiter de la réunion des barons à Vézelay, en Bourgogne, pour leur demander acte des lettres déclaratoires par lesquelles il instituait Alix de Savoie, sa mère, et Guillaume, archevêque de Reims, cardinal du titre de Sainte-Babine, son oncle maternel, conservateurs et administrateurs du royaume durant son absence, et, s'il venait à décéder, pendant la minorité de son fils.

Philippe II partit pour la Terre-Sainte en 1190, ayant, dit la Chronique, *reçu congé de tous ses barons*, auxquels il recommanda son fils et son royaume (3).

Mais si le corps des barons fut appelé par un roi régnant à délibérer sur un acte de la volonté de ce roi, que fut-ce autre chose, sinon que ce roi reconnut aux barons les prétentions que, de temps immémorial, ceux-ci s'étaient crus fondés à faire valoir sans interruption. On a pu remarquer, dans ce que nous avons dit de Gontran, qu'ils s'étaient, à

(1) Chronique de Maurigny. — Dupuy, t. 1, p. 65.
(2) Sainte-Marthe, tom. 1, p. 337, et Suger, Epist. 4, 43, 44, 69, 118.
(3) Procès des pairs, p. 13. — Rigord, t. v. — Duchesne, p. 29. — Dupuy, t. 1, p. 69 et 157. — Du Tillet, *passim*, en ses divers ouvrages.

cette époque reculée, accoutumés à agir de la sorte, lorsque rien n'avait été statué par le roi soit absent, soit défunt (1).

Aussi la lutte qui s'engagea, l'an 1226, d'abord entre Louis VIII dit le Lion, atteint d'une maladie mortelle au château de Montpensier, en Auvergne; après lui, ensuite, entre Blanche de Castille, sa veuve, et le corps de l'État, fut-elle vive et sérieuse. Dans le principe, il s'était agi de faire reconnaître pour roi Louis IX, par les prélats et les barons qui entouraient le lit du roi moribond : les seigneurs firent enfin selon les souhaits de ce prince, et ils s'engagèrent, en outre, par des actes en forme, signés de leur main et scellés de leur sceau, à le faire couronner et sacrer, et à lui rendre hommage. Leur complaisance alla plus loin : ils ne demandèrent qu'une déclaration légale des évêques de Sens, de Chartres et de Beauvais, pour laisser la tutelle des princes mineurs à la reine-mère, mais avec caution préalable; elle fut fournie, et la minute de l'acte exigé est encore au trésor de Chartres (2).

Plus tard, Blanche se proposa de réunir à la tutelle l'administration du royaume, au nom de l'aîné des pupilles; mais, cette fois, les barons alléguèrent, contre les prétentions de la reine, sa qualité d'étrangère; et, s'étant réunis à Corbeil, le duc de Bretagne vint les fortifier dans leur opposition, plein d'espoir de faire triompher le comte de Boulogne, oncle de Louis IX.

Tous ces faux-fuyans conduisirent à une décision louche, par laquelle de nouvelles cautions furent exigées pour la *régence*, faute de quoi Blanche se verrait déboutée de la prétention qu'elle y avait et de la tutelle en même temps.

Le bon sens général fit bientôt justice de ces absurdes conclusions, et, à vrai dire, les barons prisaient bien peu le royaume de France, en s'imaginant qu'une caution pût garantir l'intégrité du territoire; mais ce n'est pas là ce qui doit nous occuper. Ce qu'il y a de curieux et d'intéressant

(1) Greg. M., lib. 5, Epist. 58. — Greg. Turon., lib. 5, ch. 6. — Aymoin, liv. 3. — Paul Diac., Hist. Longobard, lib. 3.

(2) Dupuy, t. 1, p. 164 et suiv., cite toutes les pièces comme extraites de Layette dans son recueil sur la Régence et minorité des rois.

c'est qu'une contestation si solennelle eut une fin presque ridicule. En effet, le peu de consistance des principes du droit public, vers le commencement du xiiie siècle, sur les points contestés, donna à une consultation de quelques docteurs isolés assez de force pour renverser l'œuvre des barons assemblés (1).

En conséquence, la fermeté de la reine-mère, son adresse et son habileté, sa persévérance et son bonheur, lui ayant fait gagner les uns, désunir les autres, apaiser les mécontens, satisfaire les ambitieux, elle demeura confirmée dans les droits que son mari lui avait reconnus, et les exerça depuis sans autre réclamation.

De ce que les dernières volontés des rois de cette époque étaient, pour ainsi parler, soumises au contrôle des grands, faudrait-il conclure que, dans le cas d'absence seulement, le monarque dût déposer son autorité en des mains étrangères, de l'agrément des barons? Point du tout : car, bien qu'absent en 1248, saint Louis croisé et ses frères avec lui, pourvut, de son plein gré et bonne volonté, à l'administration du royaume, et personne ne s'opposa à ce que Blanche, sa mère, *restât seule*, comme s'exprime Joinville (2), pour gouverner la France. Il y a plus, la nation n'empêcha nullement l'aîné des enfans de Louis, âgé seulement de 12 ans, de prendre les rênes du gouvernement, après le décès de *la régente*, en 1252, jusqu'au retour du père, qui eut lieu l'année suivante.

Dans le cas présent, l'héritier présomptif du trône put, avec fondement, invoquer *l'urgence* des circonstances et s'appuyer d'une *nécessité* réelle, pour s'attribuer ainsi, tout mineur qu'il était, l'autorité souveraine. Le maniement passager des affaires par ce jeune prince, mort trop tôt pour la France, fut une véritable administration, puis-

(1) Albéric de Rosate sur la loi *de creationibus* C. *de episcopali audientiâ*; Jacob. de St.-Georgiô, libr. *de feudis*, fol. 1, et d'Auteuil, Régence de la reine Blanche, avec les preuves et la suite des régences.

(2) Histoire et chronique du roi saint Loys, p. 16, et P. Masson, Hist. de France, liv. 5, p. 343.

qu'il nous reste encore deux sages réglemens émanés de lui, l'un à la date de 1253, l'autre à celle de 1254 (1).

Saint Louis fit un nouveau voyage outre-mer, accompagné des trois fils qui lui restaient ; Marguerite d'Anjou, sa femme, resta en France. L'administration du royaume fut confiée, par lettres de 1270 (2), à Mathieu, comte de Vendôme, abbé de Saint-Denis, et à Simon de Nesle, avec titre de *régens*. Si l'un deux venait à mourir, Philippe, évêque d'Évreux, devait le remplacer, et, à défaut de celui-ci, Jean de Nesle, comte de Ponthieu.

Louis IX étant mort le 25 août de cette année, Marguerite, au dire des savans auteurs de l'Art de vérifier les dates (3), avait mis tout en œuvre pour faire tomber en ses mains l'administration des affaires. L'ambition de gouverner l'avait portée à exiger de Philippe, l'aîné de la famille, déjà dans sa vingt-sixième année, une promesse écrite et confirmée par serment, de rester en tutelle jusqu'à l'âge de 30 ans. Cet engagement sacré allait mettre Philippe III dans l'embarras, lorsque le pape Urbain IV releva le nouveau roi de son serment par une dispense datée d'Orvietto, le 2 des nones de juillet, l'an 6 de son pontificat. Marguerite ne put donc point gouverner, même jusqu'au retour de son fils ; car des lettres expédiées au camp, sous Carthage, en octobre 1270, maintinrent le choix de saint Louis et réglèrent l'état de minorité des enfans de Philippe-le-Hardi, s'il mourait avant que l'aîné eût atteint sa quatorzième année (4).

Dans ces nouveaux arrangemens, non-seulement Philippe n'eut aucun égard aux droits de maternité d'Isabelle d'Aragon, sa femme, plus ou moins confirmés jusque-là, mais les droits de proximité du sang même n'entrèrent pour rien dans le nouveau mode suivant lequel il organisa la tutelle et la *régence*. En effet, Pierre de France, comte d'Alençon, l'aîné de ses frères, eut la garde du royaume,

(1) D. Vaissette. Hist. du Languedoc, t. 1.
(2) Ordonn., t. 11. — Dupuy, t. 1, p. 76 et 77. — D'Auteuil, p. 486.
(3) T. 1, p. 586.
(4) Ordonn., t. 11. — Dupuy, t. 1, p. 73 et 180.

avec un conseil de treize personnes, savoir : l'archevêque de Reims, les évêques de Paris, de Bayeux, d'Évreux, Mathieu, abbé de Saint-Denis, Simon de Nesle, Érard de Valery, Pierre Chambellan, Julien de Péronne, Henri de Vézelay, Jean de Troyes, Nicolas d'Auteuil et Jean Sarrazin. Lorsque le roi eut été de retour en ses États l'an 1271, il maintint, dans toute leur teneur, les lettres de l'année précédente, auxquelles il ajouta seulement que Jean, comte de Blois, et non pas Robert de Clermont, son second frère, serait substitué à Pierre, si celui-ci mourait avant la majorité du roi futur ; de plus, le conseil de *régence* fut, tout entier, de la nomination de Philippe (1).

L'exemple suivant détruit, pour ainsi dire, toutes les inductions que l'on pourrait tirer du précédent : il prouve en effet que le droit ainsi pris spontanément dans les caprices de Philippe-le-Hardi, n'était pas incontestable, puisque, par précaution, son successeur jugea nécessaire que les grands, dont l'autorité négligée pouvait à la fin devenir redoutable, confirmassent de leur consentement sa volonté royale, dans l'éventualité d'une minorité. Nous ajoutons que, si la maternité avait des droits que l'on entourait de la plus grande considération, la proximité du parentage avait des titres non moins respectables aux yeux de ceux qui étaient alors chargés de veiller à la conservation des lois. Voici le fait.

Au mois d'octobre 1294, parurent des lettres de Philippe IV, petit-fils de saint Louis, portant qu'après sa mort, s'il décédait avant la majorité de l'aîné de ses enfans, la reine Jeanne de Navarre serait à la fois tutrice et *régente*, mais à la condition à elle imposée de ne point convoler. Philippe-le-Bel motivait ces dispositions sur les actes antécédens de plusieurs rois ses prédécesseurs qui en avaient agi ainsi à la grande satisfaction de tous, et sur l'amour extraordinaire de sa femme pour ses enfans, sincèrement dévouée d'ailleurs aux intérêts de la nation (2).

(1) Dupuy, t. 1, p. 80, et 182, 185, 190, 193.
(2) Dupuy, tom. 1, p. 81. — D'Auteuil, Hist. des minist. d'État, p. 461 et suiv. — Layette, Trésor des Chartres, n° 2.

Comme personne ne songeait à s'opposer aux clauses de cette déclaration, le roi, en prince prudent et sage, convaincu que le meilleur moyen de fonder l'avenir sur un terrain inattaquable, était de consolider le présent par tous les moyens légaux applicables au plan de ses desseins, ne crut pas inutile de soumettre ses intentions, sinon à une assemblée générale, du moins à l'approbation individuelle des principaux seigneurs. Ceux-ci n'hésitèrent pas le moins du monde à confirmer de leur adhésion le réglement de leur souverain ; ils mirent même tous tant de bonne volonté, que Charles de Valois, le premier d'entre eux, en sa qualité de frère du roi, s'engagea avec eux expressément et sur serment inséré en lettres spéciales, à maintenir l'exécution de celles de Philippe, *fermement et loyaument* (1).

Quelques mois après, le roi, toujours conformément au caractère de prudence que l'histoire lui donne, fit expédier de nouvelles lettres dans lesquelles, sur le vu et lu de l'assentiment de son frère, il lui remettait la tutelle et la *régence,* à défaut de la reine, et il fondait cet appel à la délicatesse de Charles, sur ce que ce prince était *li plus prouchain à ses enfans, et de cui plus espéciamment* il se fiait.

Certes, jamais précautions ne furent mieux prises ; mais il n'y eut pas lieu à l'application de ces belles dispositions.

Louis X mourut en 1316, la seconde année de son règne. La grossesse de Clémence de Hongrie, fille de Charles-Martel d'Anjou-Hapsbourg, sa veuve, donna lieu à la convocation des notables, que les monumens de l'époque nomment indistinctement *grands et militaires du royaume* ou *barons* (2). Philippe, l'aîné des deux frères, que Louis-le-Hutin laissait après lui, convoqua ce parlement.

Quel serait le curateur au ventre, en attendant la naissance de l'enfant? en quelles mains devait être déposée la *régence* jusqu'à sa majorité, s'il était mâle? Telles furent les deux questions sur lesquelles fut fixée la délibération

(1) Trésor des chartes, régences des reines, n°ˢ 4 et 5.
(2) Dachery. Spicilég., t. xii, p. 666.

des États, et que l'assemblée décida, tout d'une voix, en faveur du comte de Poitiers, nonobstant les empêchemens que lui donna Charles de France, comte de Valois, son oncle, qui lui *débattait cette régence* (1), car Philippe était *le plus prochain prince du sang*, et, en cette qualité, *d'autant plus près pour succéder à la couronne* (2).

En conséquence de cette décision, Philippe, si l'on en croit Guillaume de Nangis (3) et plusieurs autres, prit aussitôt, et pour la première fois en France, le titre de *régent du royaume*, sur son grand sceau, et commença tous les actes publics de son administration par cette formule : *Philippe fils de roi de France, et régent les royaumes de France et de Navarre.*

La nécessité qui contraignit ce prince au recours des grands et des nobles, prouve infailliblement que la qualité d'héritier présomptif de la couronne était moins alors un droit à la *régence* qu'à la royauté. En effet, Jean Ier ou le Posthume étant mort huit jours après sa naissance, ce fut sans opposition que le *régent* prit le titre de roi, sous le titre de Philippe V, qu'on surnomma le Long (4).

En 1328, Charles-le-Bel ayant désigné, en présence des seigneurs de sa cour, Philippe de Valois, petit-fils de Philippe-le-Hardi et cousin des trois derniers rois, pour *régent* du royaume, ce titre lui fut disputé par Édouard III, comme représentant Isabelle de France, reine d'Angleterre, sa mère, sœur de ces trois mêmes rois : le prince fut débouté de ses prétentions dans une assemblée des principaux barons, qui, conservant le titre de *régent du royaume à celui qui avait le droit le plus apparent pour parvenir à la couronne*, à défaut d'hoirs directs mâles, le nommèrent en outre curateur au ventre, pendant la

(1) Dupuy, t. 1, p. 82, 196, 200, 204.

(2) Belleforest, vie de Louis-le-Hutin, p. 800.

(3) Chronique dans Ph. Labbe, et l'édit. de Delabarre, Pithou, Martène, Duchesne et Baluze.

(4) Chronic. compil in monast. Sanct. Victor. Paris. ann. 1320 — Denis Sauvage vieille chronic. de Fland, ch. 57. — P. Masson et Vignier, déjà cités.

grossesse de Jeanne d'Évreux, veuve de Charles IV (1).

Remarquons bien que le roi mourant avait statué sur le cas de *régence*, et que pourtant les seigneurs, seuls représentans qu'eût alors la nation, se trouvèrent saisis du droit de consolider ce choix, ou d'en faire un-autre à leur gré.

Même race. — Branche de Valois.

Veut-on connaître encore jusqu'à quel point régnait l'incertitude dans les principes régulateurs du droit à la *régence*, vers le milieu du xive siècle, qu'on lise ce qui se passa, après que Jean II eut été fait prisonnier à Poitiers, le 19 septembre 1356. En droit, suivant les termes du continuateur de Guillaume de Nangis, Charles, dauphin, fils de Jean, *était tenu, par son titre d'héritier, de défendre et de gouverner l'État* (2); mais, en fait, ce jeune prince, né en 1337, n'ayant pas atteint l'âge fixé pour la majorité des rois, *jeune d'âge et de conseil, ne voulait entreprendre le gouvernement du royaume*. Quoi qu'il en soit, prenant le titre de *lieutenant du roi* (3), il assembla les États vers le 17 octobre suivant, *à la fin de prendre telles mesures qui paraîtraient convenables au temps et aux circonstances* (4).

Tout le monde connaît avec quelle fidélité les États du Midi ou de la Langue-d'Oc, réunis à Toulouse, s'empressèrent de répondre à l'appel du dauphin, tandis que ceux du Nord ou de la Langue-d'Oil, assemblés à Paris, ville toujours à la merci du premier factieux qui sait y établir un gouvernement de fait, se séparèrent sans avoir rien décidé, brouillés par les intrigues de Marcel et de Lecoq, et soutenus par la trahison de Pecquigny.

(1) Guill. de Nang. Spicil., t. xi, 2e cont., p. 275. — Dupuy, t. i, p. 93. — P. Masson.

(2) Guill. de Nang. Spicil., t. xi, 2e cont., p. 275.

(3) Secousse. Mémoire pour servir à l'histoire du roi de Navarre. Froissard.

(4) Ordonn., t. iii, préface, p. 48.

Froissard nous apprend que, convoqués de nouveau en février 1357 (1), ils arrachèrent au lieutenant général l'ordonnance du 6 mars qui établissait, pour connaître des affaires de l'État, un conseil de trente-six personnes, prises au nombre de douze dans chacun des trois ordres, par voie d'élection (2).

D'un autre côté, la chronique de Saint-Denis nous a conservé l'acte par lequel Charles, fils aîné du roi de France, duc de Normandie et dauphin de Viennois, à peine majeur, prit le titre de *régent de France*, déclarant que, comme tel, *il ne voulait plus de* CURATEUR (3), et le recueil des ordonnances de Fontanon contient les lettres de provision à l'office de *chancelier de la* RÉGENCE qu'il créa, en même temps, en vertu de son autorité spontanée. Nous disons spontanée, quoiqu'il n'eût pris la RÉGENCE *et gouvernement du royaume, jusqu'à ce que le roi fût hors des mains de ses ennemis, qu'après mûre et grande délibération, avec le grand conseil du roi et le sien, et plusieurs prélats, barons et bourgeois des bonnes villes du royaume, pour l'évidente nécessité et proufit dudit royaume* (4). La formule dont il se sert au commencement de plusieurs lettres que l'on trouve encore dans les *Registres de la chambre des Comptes* (5), peut donner à penser qu'il regardait le titre de *régent* comme lui venant de son droit, en sorte que, l'ayant conservé sans éprouver ni d'opposition ni de contradiction, il est vraisemblable que les États, consultés sur ce seul point, ne crurent pas qu'il fût en leur pouvoir de lui refuser confirmation, par un aveu au mòins tacite, ni qu'il entrât dans leur devoir de ne pas lui reconnaître ce titre que d'ailleurs, selon Belleforest (6), la cour du parlement lui avait déjà reconnu.

Jean-le-Bon momentanément hors des mains des enne-

(1) Liv. I, ch. 170.
(2) Ordonn., t. III, préf., p. 52. — Dupuy, t. I, p. 97.
(3) Chronique de Saint-Denis, fol. 173, *verso*.
(4) Ordonn., t. III, préf., p. 69.
(5) Fol. 197, cote C.
(6) Grandes annales de l'hist. de Fr.

mis, et de retour en ses États sur parole, en 1360, on vit
un spectacle à la fois digne de la France et de ses princes;
car, d'un côté, le dauphin fit preuve de sincérité en aban-
donnant aussitôt la *régence*; et le roi, toujours aussi gé-
néreux dans l'état de liberté que dans sa prison, montra
combien il savait gré à son fils de s'être comporté, pendant son absence, avec tant de prudence et de fermeté,
en l'instituant *derechef*, par reconnaissance, dans les titres et droits de cette fonction. Cependant on peut dire
qu'il ne fit, en quelque sorte, que la lui continuer, n'ayant
pas eu l'intention de la lui déférer comme s'il ne l'eût point
exercée précédemment (1). Le dauphin fut *régent* jusqu'en 1364, année de la mort du roi Jean.

Ainsi le demi-siècle qui sépare la mort de Louis-le-Hutin
de celle du roi Jean, nous montre quatre *régences* défé-
rées à l'héritier présomptif de la couronne.

Bien convaincu par l'expérience des temps passés qu'une
longue minorité n'était pas sans de grands dangers, et que,
s'il pouvait, une bonne fois, passer en loi de l'État que les
rois mineurs auraient, à quatorze ans, l'administration
de leur royaume, Charles V, suivant, en cela, l'exemple
donné par Philippe de Valois, en ses lettres de Maubuis-
son-lez-Pontoise, du 11 avril 1344, expédia des lettres,
dans ce sens, au bois de Vincennes, en août 1374 (2). Ces
lettres, promulguées dans les formes les plus solennelles,
au 10 mai 1375, réglaient, entre autres choses, que la *régence* ne devant concerner que l'aîné des enfans mineurs,
à qui se rattachaient *le gouvernement, garde et défense du
royaume* (3), il fallait la considérer comme une chose entièrement distincte de la *tutelle, éducation et nourriture* (4),
dont tous avaient un égal besoin.

C'est pourquoi le monarque, ne consultant que sa raison et sa volonté, ou, pour mieux dire encore, sa pro-

(1) Froissard, t. 1, ch. 219.
(2) Pasquier. Recherches de la France, liv. 11, p. 17; — et Ordonn.;
t. vi, p. 45. — Dupuy, t. 1, p. 214.
(3) *Id.*, p. 218 et suiv. — Fontanon, Ordonn.
(4) *Id.*, p. 222 et suiv.

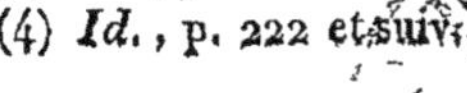

fondé sagesse, institua, par lettres-patentes données à Melun, en octobre 1374, Jeanne, sa femme, mais *avec elle et de compagnie* (1), Philippe, duc de Bourgogne, son second frère, et Louis, duc de Bourbon, frère de la reine, *gouverneurs, gardiens et défenseurs de l'État* (2); car, disait Charles-le-Sage, *l'amour naturel d'une mère pour ses enfans* doit la faire préférer *quant à la tutelle et garde de leur personne; mais dames veuves doivent aussi, par raison et honnêteté, être accompagnées et conseillées des plus prochains parens d'elles et d'eux, preudes hommes sages et vaillans* (3). D'autres dispositions portaient que les membres adjoints à la *régente* devaient la remplacer, en cas de mort, et se substituer réciproquement l'un à l'autre, en cas de décès de l'un d'eux. Enfin, ces lettres adjoignirent au conseil ainsi composé un second conseil fort nombreux, dont douze membres auraient voix consultative dans toutes les affaires de la tutelle et de la *régence* (4).

On ne peut contester que, par une déclaration postérieure aux précédentes, dans la crainte d'événemens malheureux, à cause du caractère brouillon, ambitieux et emporté de Louis, duc d'Anjou, la *régence* fut concédée à ce dernier, avec pleine et entière puissance, comme étant l'aîné du duc de Bourgogne. Mais que font à la question présente tous ces changemens et toutes ces tergiversations, si ce n'est qu'elles complètent la mobilité de ce tableau que nous esquissons, faisant ressortir, d'une part, la considération dont la maternité fait son profit; de l'autre, cette même considération accompagnant la proximité du sang; et partout, dans l'ensemble, la nullité à laquelle se trouve réduite, par l'effet d'influences diverses, la puissance de ces rois dont le mensonge et la mauvaise foi des historiens

(1) Dupuy, p. 101 et suiv.
(2) *Id., ibid.*
(3) *Id.*, p. 239, 241.
(4) Pasquier. Recherches de la France, liv. II, p. 17. — Dupuy, t. I, p. 102 et 248; — et Ordonn., t. VI, p. 45.

de l'école moderne ont fait des monarques absolus (1)?

Et de fait, la minorité de Charles VI s'étant déclarée en 1380, et Jeanne de Bourbon ayant cessé de vivre depuis trois ans, le duc d'Anjou souleva une question assez captieuse : il voulait savoir si lui, l'aîné de la famille et premier oncle paternel du jeune roi, ne pouvait pas réunir à ses droits de *régence* les pouvoirs de tutelle attribués à son second frère et à son beau-frère. Les prétentions de Jean, duc de Berri, autre frère de Charles V, vinrent encore compliquer cette affaire déjà assez embrouillée.

Vu le manque de principes pour mettre fin à ces débats qui commençaient à s'animer, on aurait dû, ce semble, avoir recours à la nation : on n'en fit rien. Vainement le feu roi s'était cru en droit et dans l'obligation de pourvoir à la *régence* du royaume et à la tutelle de ses enfans mineurs ; chacun des prétendans fit valoir les droits de sa naissance, et ne regarda les lettres de Charles que comme un simple projet auquel il manquait vérification et enregistrement solennel. Pour terminer, on convint d'un commun accord de s'en rapporter à quatre arbitres agréés de tous, sauf à faire homologuer leur décision par le parlement (2). Ainsi fut fait.

Les circonstances étaient donc la loi unique de ce temps-là, puisque la *régence*, réglée à l'avance par un roi capable d'en disposer, fut, depuis, déférée par un arbitrage privé, et finit, contre toute règle, avant l'expiration de la minorité.

Ne perdons pas de vue que tous ces embarras naissaient surtout de la crainte qu'inspirait l'administration libre d'un seul homme que la voix publique désignait, avec beaucoup de raison, pour être fort ami des trésors de Charles V, et l'ennemi déclaré, quoique secret, du trône dont l'éclat le flattait moins que la richesse, et de l'État dont il était bien aise de pouvoir administrer les deniers sans être trop obligé d'en rendre compte.

(1) Dupuy, t. 1, p. 103 et 227.
(2) Dupuy, t. 1, p. 51, 105, 256 et 258.

La sagesse des arbitres leur fit prendre un parti qui, en cédant momentanément aux exigences du duc d'Anjou, ne laissait cependant pas le temps à son avidité de se combler : de cette manière, ils concilièrent la soif de régner de ce prince avec les intérêts des mineurs et du trésor.

Effectivement, il demeura décidé qu'à Louis d'Anjou resterait la *régence,* comme prérogative inséparable du droit d'aînesse ; ensemble la *présidence* du conseil des douze qui fut conservée ; qu'*aucunes grosses et pesantes besognes* (1) ne seraient expédiées sans son consentement ; mais aussi que le jeune roi serait incessamment sacré et, malgré ses douze ans, déclaré *âgé* (2), c'est-à-dire capable de gouverner avec le conseil de ses quatre oncles ; qu'à Philippe de Bourgogne et à Louis de Bourbon seraient confiées la tutelle et la garde de Charles VI et de son frère ; qu'enfin aucun officier ne pourrait faire le service auprès des jeunes princes, sans l'agrément du *régent* et de Jean de Berri ; telle fut la fin de cette longue et orageuse contestation (3).

Par l'une des ordonnances de 1392, Charles VI disposa de la *régence* du royaume, s'il y avait lieu, en faveur de Louis, duc d'Orléans, son frère ; et, par l'autre (4), attribua la tutelle à Isabeau d'Ingolstadt, sa femme, à laquelle il donna pour conseil les ducs de Berri et de Bourgogne, ses oncles paternels, le duc de Bourbon, son oncle maternel, et le duc de Bavière, frère de la reine, voulant que, si elle se remariait, ou si quelqu'un de ses adjoints mourait, les survivans prissent la place des défunts.

Quoique ces mesures n'aient point eu de suite, elles n'en confirment pas moins l'opinion que, selon les termes mêmes employés par Charles VI, dans la rédaction de ses nouvelles lettres de 1403, abrogatoires de la déclaration de

(1) Dupuy, t. 1, p. 51, 105, 256 et 258.
(2) Registres du parlement, délibération du 2 octobre 1380.
(3) Pasquier, ouvrage déjà cité, liv. 11, ch. 17, et livre v, ch. 5.
(4) Ordonn., t. viii, p. 530 et 535.

1392, *à père appartenait de disposer, après lui, de la garde et gouvernement de ses enfans* (1).

Cet édit de 1403, communiqué d'abord aux gens du parlement, des comptes et autres cours de justice ; ensuite enregistré, puis confirmé par les lettres de 1407, forme, avec ces dernières, une loi formelle, claire et précise, pour les cas de minorité. Cette loi, enregistrée par la grand'chambre en audience solennelle, et le roi séant en son lit de justice (2), n'a jamais été abrogée : mais combien de fois, pour le malheur de la France, y a-t-on dérogé !

On ne sera peut-être pas fâché de trouver ici textuellement cette fameuse déclaration de 1407, par laquelle Charles VI mettait au néant, pour l'avenir, toutes prétentions à la *régence*, enlevait à l'ambition toute matière et tout aliment, et comblait, pour jamais, l'abîme des révolutions de palais, à l'occasion de la minorité des rois. La voici :

« Charles, par la grâce de Dieu, roi de France. Comme
« la disposition et introduction des droits divin et natu-
« rel démontre les pères devoir labourer et travailler à ce
« que, après leurs déceds, leurs enfans usent paisible-
« ment de leur succession, et tellement et si sévèrement
« y pourvoir, qué, après eux, ils ne soient ou puissent
« être perturbez et empêchiez, savoir faisons à tous pré-
« sens et à venir que nous, à qui notre Seigneur, par sa
« grâce, a donné lignée, laquelle, par son plaisir, espé-
« rons succéder à notre royaume et à nous, quand il lui
« plaira nous appeler devers lui : voulant ensuite et mettre
« à effet la disposition et introduction dessus dites : con-
« sidérant que, sitôt qu'il plaît à Dieu envoyer au roi de
« France qui est pour le temps, hoirs masles, *droit de*
« *nature baille le premier né d'iceulx héritier et successeur*
« *audit royaume* ; et que tantôt après que son père est allé
« de vie à trépassement, iceluy ainsné, supposé qu'il soit
« mindre d'ans, *en quelconque minorité qu'il soit, est, et*

(1) Ordonn., t. VII, p. 581, et Dupuy, t. 1, p. 305.
(2) Ordonn., t. VIII. — Jean Juvénal des Ursins, Hist., p. 85, 241 et 456.

« doit être tenu et réputé *pour roi,* et ledit royaume gou-
« verné, et les faits et besognes d'iceluy estre disposéz par
« lui et en son nom ; désirant, pour ob_ ier à toutes doutes
« et scrupules et aux grands inconvéniens qui sont appa-
« rus au temps passé et pourraient ensuir au temps à ve-
« nir, et pour pourvoir à la seureté de nostre très-chier et
« très-amé fils ainsné Loys, duc de Guyenne, ou de celui
« qui sera, *pour le temps, nostre ainsné fils,* et devra, *par*
« *droit de ainsnesse, succéder à la couronne de France*
« après nous, et des autres ainsnez fils de nos successeurs
« rois de France, afin que, sitost que nous et eux serons
« départis de ce monde, nostredit fils et les autres ainsnez
« fils de nos successeurs, supposé qu'ils fussent *mindres*
« *d'ans, et en quelque minorité d'aage qu'ils fussent et*
« *soient,* puissent pleinement user de leur droit qui lors,
« par le déceds de nous et de nosdits successeurs, leur se-
« rait et sera acquis et advenu à ladite couronne ; eus de
« et sur ce grant avis et meure délibération, avons or-
« donné et décerné, ordonnons, décernons et déclarons,
« et par manière de loi, édict, constitution et ordonnance
« perpétuels et irrévocables, établissons, de nos certaine
« science, pleine puissance et autorité royale, que nostre
« ainsné fils, qui est à présent, ou qui le sera pour le
« temps, et aussi les ainsnez fils de nosdits successeurs,
« *en quelque petit aage qu'ils soient et puissent estre* au
« temps du déceds de nous et d'iceux de nos successeurs,
« *soit et soient incontinent après nous et nosdits succes-*
« *seurs, rois, dits, appelez, tenus et réputez rois de*
« *France,* et à iceluy royaume succédans, soient couron-
« nez et sacrez rois *incontinent après le déceds de nous et*
« *de nosdits successeurs, ou au moins au très-plustôt que*
« *faire se pourra,* et usent et jouissent de tous droits,
« prééminences, dignitez et prérogatives appartenans à
« roi de France et à ladite couronne, sans ce que *quel-*
« *conque autre, tant soit prouchain de leur lignaige,* en-
« trepreigne, puisse ne doye ou lui loise entreprendre
« bail, *régence,* ou autre quelconque gouvernement et
« administration dudit royaume, ne que à nostredit, ni

« autrès ainsnez fils dessus dits, puissent être faits, mis,
« ou donnez cas , et sur leurdit droit à eulx deu par
« droit de nature, ne èz autres choses dessus touchées,
« empêchement et perturbation quelconque, sous ombre
« de ce que dit est, ne autrement pour quelque raison,
« couleur ou occasion que ce soit ou puisse être. Toutes-
« voies, s'il advenait que nostredit ainsné fils, ou nosdits
« autres enfans, et aussi ceulx de nosdits successeurs,
« demeurassent après nous et iceulx nos successeurs,
« mindres d'ans, *en quelque minorité que lors feussent,* il
« nous plest, voulons et ordonnons que, en ce cas, ils soient,
« durant leur minorité, gardez, gouvernez et nourris, et
« *les faits, affaires et besongnes d'eux et du royaume,*
« *tráítez, délibériez et appoinctiez par nostredit et autres*
« *ainsnés fils de nosdits successeurs, de leur autorité et en*
« *leur nom,* par les bons advis, délibération et conseil des
« *reines leurs mères,* si elles vivaient, et des plus *prouchains*
« *du lignaige et sang royal,* qui lors seraient ; et aussi par
« *les advis, délibération et conseil des connétable et chan-*
« *celier de France, et des saiges hommes du conseil qui*
« *seraient lors à nous et à nosdits successeurs ;* et que, à
« nôstredit et autre ainsné fils d'iceulx nos successeurs, et
« *non à autres quelconques,* obéissent comme à leur roy
« tous les dessus nommez de leur sang et conseil, et en
« toutes choses leur fassent obéir par tous les justiciers,
« officiers, féaux et subgiez desdits royaume et couronne,
« de quelconque autorité, estat et condition qu'ils soient,
« comme à leurs roys droictement et souverains seigneurs ;
« et, comme à tels, leur préstent et fassent prester et faire
« les foy et hommage et serment, en quoy et si comme ils
« y seront tenus.

« Et nous, par ces présentes, leur mandons et les re-
« quérons sur les foy, loyautez esquelles ils sont et seront
« tenus à nous, à nostredit et autres ainsnez fils de nos-
« dits successeurs, et à ladite couronne, que ainsi le fas-
« sent et accomplisseut chacun en droit soi, cessans et
« regettez tous contredits et délais. Et, en outre, voulons
« et ordonnons que toutes les *délibérations, appoincte-*

« *mens et conclusions qui*, par la manière dessus déclairée,
« seront faictes et prises ès faicts, affaires et besongnes
« dessus touchées, *soient advisées, prises et conclues selon*
« *les voix et opinions de la greigneur et plus saine partie*
« *des plus prouchains et principaux desdits sang royal et*
« *conseil*, et selon ce qui sera dit et advisé pour et aux
« biens et prouffit de nostredit et autres ainsnez fils des-
« susdicts dudit royaume, et des faicts, affaires et beson-
« gnes devant dites. Toutes lesquelles choses ci‑dessus
« exprimées et chacune d'icelles, nous voulons, décer-
« nons, déclairons et établissons, par la teneur de ces
« lettres, *avoir, prendre et sortir plein et entier effet, ores*
« *et èz temps à venir, et que elles aient et obtiennent force*
« *de loi, edict, constitution et ordonnance perpétuelles et*
« *estables, et non jamaes révocables;* et sans ce que aucun
« ou aucuns de quelconque autorité ou condition qu'il
« soit et use, ou soient et usent, y puissent ou doyent
« faire aucune interprétation, mutation ou changement
« contre la teneur de ces présentes, nonobstant quelcon-
« ques contraires lois, constitutions, edicts, ordonnances,
« usages, coutumes, observances et lettres perpétuelles et
« temporelles, soubs quelconque forme de paroles que
« elles soient faictes par notredict seigneur et père, et
« āutres nos prédécesseurs, ou par nous sur le fait et gou-
« vernement de nostredit et des autres ainsnez fils du roi
« de France, et autres lettres et choses quelconques;
« jaçoit ce que ne soient cy‑exprimées qui pourraient au
« contenu en ces présentes faire ou porter préjudice, ou
« dérogation quelconque, lesquelles nous voulons être de
« nul effet et valeur; et par ces lettres, les révoquons,
« cassons et les mettons du tout au néant. Et s'il advenait,
« que Dieu ne veüille, que, par inadvertance, importu-
« nité ou autrement, nous octrogissions ou commandis-
« sions, ou eussions octroyé et commandé aucunes lettres
« qui aucunement peussent être dérogatives ou préjudi-
« ciables aux choses dessus touchées, ou feissions aucune
« autre chose contraire, nous, dès maintenant, les dé-
« clairons et décernons nulles et de nulle valeur; qu'il n'y

« soit obéi, ne aient force ou vigueur contre la forme ou
« teneur de ces présentes. Toutes voies, par icelles nous
« ne entendons déroguier à certaines constitutions et or-
« donnances aujourd'hui par nous faites en faveur de
« nostredit ainsné fils le duc de Guyenne et de nosdits
« autres enfans; ainçois voulons icelles constitutions et
« ordonnances demourer en leur force et vigueur.

« Si donnons en mandement et enjoignons étroittement
« à nos amez et féaux conseillers les gens de nostre parle-
« ment, de nos comptes et trésoriers à Paris, et à tous
« nos autres justiciers, officiers, vassaux et subgiez présens
« et à venir, ou à leurs lieutenans et à chacun d'eux si
« comme à luy appartiendra, que contre nos présents loy,
« edict, constitution et ordonnance, ils né viennent, fas-
« sent, ou souffrent venir et faire en quelque manière,
« ne pour quelque cause, couleur ou occasion que ce
« soit ou puisse estre, ores ne èz temps à venir; mais les
« gardent, tiennent et accomplissent, et fassent garder,
« tenir et accomplir de poinct en poinct, sans enfraindre.
« Et afin que ce soit chose ferme et estable à toujours,
« nous avons fait mettre nôtre scel à ces présentes données
« et leües publiquement en haute voix en la grand'chambre
« de nostredit parlement à Paris, où estait dressé le lict
« de justice, lendemain de la feste de Noël qui fut le
« vingt-sixième jour de décembre, l'an de grâce mil-
« quatre-cens-sept, et le vingt-huitième de notre règne.

« Ainsi signé par le roy tenant son parlement, présens
« le roy de Sicille, messieurs les ducs de Guyenne, de
« Berry, de Bourbon et de Bavière; les comtes de Mor-
« taing, de Nevers, d'Alençon, de Clermont, de Ven-
« dôme, de Saint-Paul, de Tancarville, et plusieurs autres
« comtes, barons et seigneurs du sang royal et autres; le
« connestable; vous les archevesques de Sens et de Be-
« sançon; les évesques d'Auxerre, d'Angers, d'Évreux,
« de Poitiers et de Gap; grand nombre d'abbés et d'autres
« gens d'église; le grand maistre d'hostel et autres prési-
« dens en parlement; le premier et plusieurs autres cham-
« bellans; grande quantité de chevaliers et autres nobles;

« de conseillers, tant du grand conseil et du parlement,
« comme de la chambre des comptes, des requestes, du
« palais, des aydes, du trésor et autres officiers et gens de
« justice, *et d'autres notables personnes en grande multi-*
« *tude.* »

P. MANHAC.
Visa NEAUVILLE.

Quand Charles VI, en promulgant une loi si sage, pour-
voyait à la sûreté de l'État dont il garantissait la paix inté-
rieure contre les orages si fréquens sous les régences, il
ne prévoyait pas que son *édit perpétuel et irrévocable* serait
rendu temporaire et révocable par défaut d'application,
de son vivant même, et à son occasion.

Lorsqu'en effet il eut été définitivement atteint de la
triste infirmité qui ne laissa plus à sa raison que quelques
intervalles lucides, pendant que la pitié de son peuple
le surnommait le *Bien-Aimé*, le parlement de Toulouse
enregistrait les lettres de 1420 (1), par lesquelles Charles,
dauphin, fils de France, considérant que *Dieu l'avait
laissé seul fils de monseigneur, son vrai héritier et successeur de sa couronne,* prenait la *régence* et administration
du royaume, par le droit de sa naissance, n'ayant aucun
égard, ni aux droits réservés à la reine-mère, ni à la sur-
veillance attribuée aux princes du sang, ni à l'obligation
où il était lui-même de consulter le conseil des grands,
comme le portait la loi de 1407 (2).

Charles VIII avait treize ans et deux mois lorsqu'il
succéda à Louis XI, son père, en 1483. Suivant la loi de
1374, la majorité lui demeurait acquise. Néanmoins,
comme il était trop jeune pour pouvoir gouverner sans
conseil, la loi de 1407 contenait des dispositions qu'il était
d'autant plus facile de lui appliquer, que Charlotte de
Savoie, reine-mère, et Louis d'Orléans, petit-fils de Charles V et premier prince du sang, étaient pleins de vie :

(1) Ordonn., t. XI, p. 49 et 5o. — Simon Fournival. Recueil général
des titres, p. 814 et suiv.

(2) Dupuy, t. 1, p. 108, 119, 262 et 353. — Froissard, vol. 3, p. 134.

mais à la place d'un réglement si sage, Louis XI avait substitué sa propre volonté, et autrement statué par testament; il avait nommé à la tutelle et à la *régence*, sinon au mépris de toutes les règles suivies jusqu'alors, du moins par la plus singulière nouveauté, Anne de France, sa fille, mariée à Pierre de Bourbon, sire de Beaujeu, sœur du jeune prince et plus âgée que lui de dix ans (1).

Charles, dauphin, et Louis d'Orléans, avaient, par déférence pour le monarque défaillant, promis sous serment enregistré au parlement de respecter ses dernières volontés; mais les États-généraux ayant été assemblés pour régler les contestations survenues entre les divers prétendans à la *régence*, ce ne fut ni la constitution de 1407, ni le testament de 1483, qui guidèrent les États. Ayant appelé cette affaire sans délai (2), ils adjugèrent la garde de son fils à Charlotte; ils établirent, comme pour se renfermer dans l'esprit de la loi de 1407, que les affaires seraient délibérées et décidées à la pluralité des suffrages par un conseil dont firent nécessairement partie douze nouveaux conseillers tirés du sein des États, sur la demande qui par eux en fut faite; enfin ils reconnurent qu'en l'absence du roi, la présidence de ce conseil appartenait, par le droit de naissance, *au plus prochain du lignage, selon l'ordre et la proximité du sang* (3).

Il y avait, dans cette décision, de quoi satisfaire pleinement le duc d'Orléans; mais ce prince prévit bien qu'une présidence accidentelle pendant l'absence du roi qu'on éloignerait le moins possible, serait un obstacle insurmontable à l'exécution des desseins qu'on lui prêtait alors de briguer la souveraine puissance. D'ailleurs, le moyen de détruire, de diminuer même, dans l'esprit du

____

(1) Mathieu. Histoire de Louis XI, liv. 10, fol. 396, et Philip. de Comines, liv 6, ch. 21.

(2) Garnier. Histoire de France, t. x, p. 104. — Jean de Saint-Gelais. Hist. de Louis XII, p. 43 — Merlin Répert. univers. et raisonn. de jurisprud. au mot Régence, § 11, 4ᵉ édit.

(3) Procès-verbal des Estats-généraux de Tours, par Jehan Masselin, dans le traité de Dupuy, t. 1, 356 et 412.

jeune Charles VIII, les impressions qu'y laisseraient indubitablement les conseils d'Anne de Beaujeu et de son mari, demeurés si fort à portée de s'y ménager tant d'influence !

Le sire de Beaujeu et sa femme justifièrent les appré'hensions du duc d'Orléans, car ils finirent par s'emparer de toute l'autorité, en telle sorte que, dès 1484, le président du conseil saisit le parlement d'une plainte à laquelle ce corps répondit en déclinant sa compétence *en. administration de guerre , de finances, ne du fait et gouvernement du roi, ne des grands princes ,* attendu qu'il ne se croyait *institué* que *pour administrer justice* (1).

Les princes n'avaient pas alors , sur les parlemens, cette autorité qui entraîna, dans la suite, ce corps, d'ailleurs si respectable, à se donner le droit de disposer de la *régence,* comme le fit, en 1610, celui de Paris dominé par le duc d'Épernon. La première cour du royaume jugea, dans ce cas, la cause du trône et décida du pouvoir suprême, comme si ceux-là seulement qui nomment aù trône, quand il est vacant , n'étaient pas seuls aussi compétens à nommer à la *régence* (2)! Et comment un parlement dont l'existence ne tenait qu'à la volonté des rois qui l'avaient créé, et qui encore n'était que la moindre, pour ne pas dire la minime partie de cette prétendue représentation nationale, aurait-il remplacé la nation votant solennellement, par l'organe de ses délégués à mission spéciale, dans l'assemblée des États-généraux? Je poursuis (3).

MÊME RACE. — MÊME BRANCHE. — PREMIER RAMEAU. —
VALOIS-ORLÉANS.

Louis XII prouva , d'une manière encore plus péremptoire, qu'il ne connaissait point de loi de l'État définitive et précise sur les *régences*, pour les cas de minorité. Ayant

(1) Dupuy, t. 1, p. 128 et 416, d'après les registres du parlement.
(2) Voltaire. Essai sur les mœurs, t. iv, p. 50.
(3) Belleforest, Hist., liv. 5, ch. 152, p. 1294, fol.

accepté le titre de Père du peuple, de l'aveu et sur la demande des États-généraux convoqués à Tours, en 1505, il fit promettre aux représentans de la nation et aux grands du royaume, de maintenir les clauses de son testament. Or, après avoir fiancé Claude, l'aînée de ses deux filles, âgée de six ans, à François de Valois, depuis comte d'Angoulême, qui n'en avait pas encore douze, il avait mis, par clauses spéciales de ce testament, la tutelle des futurs et le gouvernement des affaires entre les mains d'Anne de Bretagne, son épouse, conjointement avec Louise de Savoie, comtesse d'Angoulême, mère de François, sous la direction d'un conseil composé de cinq personnages d'un mérite éminent, tels que le cardinal d'Amboise, le comte de Nevers, le grand-chancelier Guy de Rochefort, de sire de la Trimoülle et Florimond Robertet (1).

Même race. — Même branche. — Deuxième rameau. — Valois-Orléans-Angoulême.

A son départ pour la guerre d'Italie, en 1523, François Ier ne fit pas difficulté de confier, d'abord à titre de dépôt, la *régence* du royaume à Louise de Savoie, duchesse d'Angoulême et d'Anjou, sa mère; mais, en 1525, ayant été fait prisonnier à Pavie et conduit en Espagne, par les ordres de Charles-Quint, il fit, de sa prison, une translation des pouvoirs dont il avait déjà disposé. L'édit de Madrid, porté en novembre, en même temps que son acte d'abdication, donnait pour tutrice à François, son fils aîné encore *sous l'âge de puberté et moindre d'ans*, cette même duchesse d'Angoulême, à la charge, par elle, *de demeurer seule gouvernante et régente*, se faisant toujours assister du chancelier Duprat, même après que *le jeune prince serait couronné, sacré et reçu roi*, et de tenir, près d'elle et de son petit-fils, le conseil dont il les investissait, avec pouvoir d'en révoquer les membres à volonté;

(1) Dupuy, t. 1, p. 131, 427 et 430.

le tout, sous la réserve expresse du droit de retour, dans le cas de *délivrance de sa personne* (1).

Certes, on ne saurait pousser plus loin l'absolutisme de la puissance paternelle. et cependant le parlement que nous verrons bientôt si fier, reconnut qu'au roi seul était le droit de nommer à la *régence,* en accordant la forme de l'enregistrement pur et simple à l'édit d'institution. Il en avait déjà fait autant pour les lettres-patentes données par le même roi, dans le même sens, deux fois à Lyon en 1515, et deux autres fois à Gien en 1523, et à Pignerol en 1524 (2).

On est pourtant forcé de convenir que sentant peut-être, à quelque temps de là, naître ces forces dont elle fit, plus tard, un si funeste usage, la première cour du royaume s'avisa d'apporter quelques modifications aux intentions de son roi; mais François rendu à la liberté par le traité de Madrid, ratifia, dès 1526, non-seulement tout ce qu'avait fait la *régente,* et la confirma dans ses pouvoirs, mais encore maintint ses droits de roi en cassant et annulant tout ce que le parlement de Paris avait pu faire, sans que les présidens et conseillers, en présence desquels l'édit de cassation fut rendu, séance tenante, le 24 juillet 1527, osassent faire la moindre représentation (3).

Que répondit le parlement au roi Henri II, séant en son lit de justice, en février 1551 ? Qu'autant de temps que se prolongerait l'absence du roi de son royaume et sa présence à l'armée, hors du territoire, la reine Catherine de Médicis, déclarée *régente,* pouvait compter sur son obéissance, de même que le dauphin et tous ceux du conseil qu'il plairait au roi d'élever à quelque commandement (4). Dès ce moment Catherine prit le titre de *régente* (5). Il ne nous a pas été possible de trouver les lettres d'institution de cette princesse à cette charge, mais nous avons l'acte d'homolo-

---

(1) Dupuy, t. 1, p. 136, 443, 469 et suiv. — Belleforest, ch. 35, l. vi.
(2) *Id., ibid.,* p. 132, 133 et suiv.
(3) *Id., ibid.,* p. 485.
(4) Dupuy, t. 1, p. 137 et 489. Registres du parlement.
(5) Garnier. Histoire de France, t. xiii, p. 483.

gation du parlement accordé à celles du 15 août 1553.
Henri, confirmant le titre qu'avait pris sa mère, y nommait
en même temps des députés et conseillers, dont le plus
remarquable était le cardinal de Tournon, pour *résider
auprès d'elle et avoir-la conduite et direction des affaires,
avec sa participation* (1).

Dans le courant de 1559, les moins clairvoyans n'eurent
pas de peine à pressentir qu'une minorité ne tarderait pas
à s'ouvrir. François II, constamment et gravement malade,
ne pouvait, selon toute probabilité, avoir un long règne.
On avait déjà vu des princes du sang chargés de la *régence;*
l'établissement d'un conseil d'administration était, en quelque sorte, une abolition de la *régence* proprement dite;
aussi la reine-mère, fort incertaine sur la validité de ses
prétentions, usa de tant de ménagemens, disposa si bien
ses mesures et prit si adroitement ses précautions, qu'elle
vint à bout de surmonter les obstacles qu'on n'aurait
pas manqué de lui opposer pour l'éloigner de la *régence.*
Qu'elle y eût des droits, c'était incontestable; mais l'était-il
moins que la qualité de premier prince du sang n'en don-
nât de pareils à Antoine de Bourbon, roi de Navarre? Si les
États intervenaient, était-il impossible, improbable même
qu'un conseil nombreux ne leur offrît plus de garantie que
la gestion (2) d'une seule tête, ordinairement suspecte de
partialité? Catherine le sentit bien : elle prit l'engagement
écrit d'aider au roi de Navarre à sortir de quelques mau-
vaises affaires qui le tenaient dans un grand embarras, et
lui donna la promesse verbale de la lieutenance générale
du royaume : par ce moyen, elle tira d'Antoine un acte
authentique de renonciation qui entraîna les princes et

(1) Dupuy, t. 1. p. 490.
(2) La Popelinière, liv. vi, p. 53 et 54. — De la Planche. Hist. de
l'ét. de France sous Franç. II, p. 43. — Hist. de Fr. sous Franç. II,
p. 365. — De Thou, t. 1, liv. xxiii, p. 693, 694, 696 et 697. — De la
Place. Comment. de l'Est. et de la relig. sous le roi Fr. II, p. 48. — Du
Tillet. Traité des régences du royaume de Fr., p. 277, et les deux Mémoires du même adressés à la reine-mère, conservés par Dupuy, t. 1,
p. 506, et t. 11, p. 1.

autres gens du conseil à arrêter qu'on ne saurait mettre la régence *en de meilleures mains* qu'en celles de Catherine (1).

Tout étant ainsi préparé, la mort de François II, arrivée cette année-là même, appela son frère Charles, pour lors âgé de dix ans et demi, à lui succéder.

Charles IX, par le premier acte de son règne, rentra, pour ainsi dire, dans les dispositions de la célèbre déclaration de 1407 (2). Comme s'il eût été majeur et se fût reconnu tel par le fait, il commença par prier le conseil de vouloir bien lui continuer ses services; ensuite il lui déclara qu'il aurait à obéir aux commandemens de la reine-mère (3) qui, sollicitée de prendre l'administration des affaires, n'avait pas voulu désobliger son fils par un refus (4); il ajouta qu'elle avait mis pour condition à son acceptation l'assurance d'être aidée des avis du roi de Navarre et des lumières du conseil, tel qu'il était organisé sous le feu roi (5).

Les lettres missives du 8 décembre 1560 informèrent le parlement des volontés du roi qui, seul et de son propre motif, quelle que fût sa minorité, avait montré qu'il régnait, et cette communication y fut reçue avec applaudissemens et promesse sincère d'obéissance (6).

Il semble que le mot *régence* n'ayant point été employé dans la rédaction de la volonté du roi, ce mode de gouvernement fût pour lors aboli.

Au bout de neuf jours, le conseil, présidé par le roi de Navarre, régla la forme sous laquelle seraient traitées et expédiées les affaires du gouvernement; en sorte que, si Antoine de Bourbon ne fut point nommément lieutenant général du royaume, il eut au moins, après la *régente,* la première place dans l'administration.

(1) Dupuy, t. ii, p. 33. — Extrait du régist. de Laubespine.
(2) *Id.,* t. i, p. 48.
(3) *Id., ibid.,* p. 39.
(4) *Id., ibid.,* p. 40.
(5) *Id., ibid.,* t. ii, p. 37 et suiv.
(6) *Id., ibid.,* et Preuves du Traité de la majorité des rois, t. ii, p. 43.

Oui, *régente*, car les États-généraux, dont l'ouverture s'était faite à Orléans, cette année, confirmèrent l'autorité supérieure confiée à la reine-mère par son fils, tout mineur qu'il était, et furent censés lui avoir conféré la *régence* (1), puisqu'en 1563 Catherine, rendant ses comptes à son fils devenu majeur, déclara, en plein lit de justice, *que l'administration du royaume lui avait été baillée par les États* (2).

Les trois ordres du royaume, dit le chancelier de l'Hôspital dans son testament fait à Bellébat, près d'Aigueperse en Auvergne; *à qui cette contestation avait été déférée*, *déterminés ou par l'équité ou par nos sollicitations pressantes*, *décernèrent à la reine la régence et lui donnèrent le roi de Navarre pour aide et conseil.*

Les conjonctures étant aussi favorables qu'elles paraissaient, quelqu'un ouvrit l'avis aux États de profiter de la circonstance présente, où la réunion était assez générale, pour faire statuer, par la nation assemblée, que, conformément à un édit qui fût libellé sans désemparer, *toutes les fois que le sceptre tomberait aux mains d'un mineur, d'un incapable ou d'un absent, les États s'assembleraient d'office pour régler la forme de l'administration et composer un conseil de régence* (3). Vainement les députés aux États s'attendirent à obtenir l'effet qu'ils espéraient de cette proposition, il ne sortit rien de leur provocation, et le droit public continua, comme précédemment, à demeurer indécis sur ce point (4).

De nouvelles lettres, expédiées par Charles IX, le 30 mai 1574, mirent, une seconde fois, mais par *interim*, Catherine de Médicis au timon des affaires, en attendant le retour de Henri, roi de Pologne, frère et futur successeur de ce prince mourant. La manière dont Charles s'y

(1) Daniel, t. iii, p. 735.
(2) Dupuy, t. ii, p. 49 et 84. — Hist. de Normandie, Rouen, 1581.
(3) *Id.*, *ibid.*, p. 86.
(4) Belleforest. Hist. de Fr., ch. 100, p. 1644. — De Thou. Hist., p. 250.

exprime montre évidemment qu'il ne prétendait faire autre chose, en appelant, de nouveau, sa mère au timon de l'État, *que de lui en continuer la direction, attendu qu'elle y avait été* précédemment *appelée, du consentement et réquisition des États.*

Le parlement s'empressa d'enregistrer cette transmission du souverain pouvoir, sur l'acceptation de la reine qui en devenait dépositaire, et la désigna, cette fois, par la dénomination de *régence.*

Le 15 juin suivant, Henri III ratifia ce qu'avait fait son frère, et, par une décision datée de Cracovie, *autorisa la régente à gouverner tout ainsi que lui-même pourrait le faire, si présent en personne y était* (1).

Par une de ces contradictions si ordinaires aux personnes et aux corps dont les droits et prétentions sont peu ou mal fondés, le parlement ne s'aperçut pas qu'en accordant l'enregistrement pur et simple aux lettres de Henri, il formulait une reconnaissance implicite et expresse du droit qu'avait le roi de France de disposer de la *régence,* en quelque cas et de quelque manière que ce fût. Bien différent de ce qu'il se montra dans cette circonstance, il avait prétendu, dans l'acte d'homologation des lettres de Charles IX, par la déclaration la plus inouïe qu'un corps ambitieux pût faire, posséder lui-même ce droit, disant que le roi *n'avait fait que prévenir l'office, tant des princes que de la cour des pairs, ce qu'eux-mêmes eussent fait, sans aucun contredit* (2).

MÊME RACE. — BRANCHE DE BOURBON.

Si le parlement montra tant de réserve quand Henri III abandonna le sceptre des Piasts et des Jagellons pour celui des Valois, c'est que, sans doute, il ne trouva pas l'occasion favorable pour faire alors un second pas dans la carrière des empiétemens, qu'il parcourut si bien depuis. Mais l'assassi-

(1) Dupuy, t. i, p. 143, 145, et t. ii, p. 213, 220 et 225.
(2) *Id.*, t.   p. 144.

nat de Henri IV, en 1610, lui offrit celle qu'il attendait depuis long-temps. Louis, l'aîné des deux fils que laissait le monarque à jamais regretté, n'avait pas plus de neuf ans. Sur la provocation maladroite de Marie de Médicis, veuve du bon Henri, le parlement eut à *délibérer sur ce qui était à faire* (1).

Cet appel était bien flatteur ; aussi la reconnaissance fît-elle requérir par les gens du roi dont les conclusions servirent de type à l'arrêt *conformément* rendu, que *la reine fût déclarée régente, pour être, par elle, pourvu aux affaires du royaume, pendant le bas âge de son fils, avec toute puissance et autorité* (2).

Le lendemain qui suivit le prononcé de cet arrêt, Louis XIII ayant tenu son lit de justice, en présence de sa mère, le chancelier demanda au nom du roi, mais inutilement, que la cour délibérât sur ses représentations. Le premier président répondit que, *d'après l'arrêt rendu le jour précédent, il n'y avait pas lieu à délibération* (3).

Le chancelier ayant alors attesté que les intentions de Henri-le-Grand, maintes fois manifestées ouvertement, et en présence de plusieurs, étaient de remettre, après sa mort, l'entier maniement des affaires aux mains de la reine, l'avocat général Servin appuya de pareilles conclusions sur de semblables motifs, et voila ainsi adroitement, par les raisons qu'il allégua, les prétentions de son corps. Aussi, dans les considérans de l'arrêt qui suivit, le parlement se garda bien de faire mention de cette volonté si connue du roi, volonté qui, pourtant, venait d'être comptée pour un titre, dans les motifs développés verbalement à l'audience.

Ce fut ainsi qu'une première fois le parlement de Paris, marchant d'un pas plus ferme vers l'objet de ses vœux, la prétention d'être le représentant de la nation, en cas de non-convocation des États, s'ingéra de disposer de la

(1) Dupuy, t. i, p. 147, et t. ii, p. 240.
(2) *Id.*, *ibid.*
(3) *Id.*, *ibid.*, p. 248 et suiv.

régence, et se reconnut maître absolu d'en faire autant, toutes les fois qu'il pourrait agir de même impunément.

Il sera pénible, mais non sans intérêt pour nous, de suivre ce corps ainsi devenu redoutable pour le trône ; et une injure vivante pour la nation, dans ses empiétemens successifs, mais seulement en ce qui regarde la matière que nous traitons.

Par la déclaration du 20 avril 1643, Louis XIII avait donné *l'éducation et l'instruction de ses enfans, avec l'administration et le gouvernement du royaume, tant que durerait la minorité de celui qui serait roi,* à Anne d'Autriche, son épouse. Malgré son titre de *régente en France,* cette princesse ne pouvait rien faire que de l'avis du *prince de Condé, du cardinal Mazarin, du chancelier Séguier, du surintendant des finances Bouthillier, et de Chavigny, secrétaire d'État,* tous membres du conseil de *régence,* au sein duquel *toutes les affaires seraient délibérées à la pluralité des voix* (1).

Quoi de plus sage, de plus respectable, de mieux ordonné, et de plus politique, eu égard aux circonstances et au caractère de certains personnages du temps ? Nous à qui une imitation de la Fronde permet de juger ce que fut le modèle, nous demandons ce qu'eût évité de maux à la France l'exécution de cette prudente déclaration. Il est vrai que la tempête qui gronda sur la tête du jeune roi produisit la sérénité du plus glorieux règne ; mais toutes les Frondes peuvent-elles être anéanties par des Louis XIV ?

Le jour que Louis XIII avait réglé l'ordre qu'il désirait être gardé après lui, il en avait fait part au parlement qu'il avait mandé dans ses appartemens, et, le lendemain, le prince de Condé et le chancelier de France en avaient apporté la déclaration au palais, où elle fut lue, vérifiée et enregistrée, dans les formes ordinaires à ces sortes d'actes (2).

Cependant le roi mourut le 14 mai suivant. Le nouveau

(1) Dupuy, t. ii, p. 322 et 333.
(2) Anquetil. Histoire de France, Louis XIII, 1643.

roi, n'étant pas encore dans sa cinquième année, fut conduit au parlement par la reine sa mère, pour tenir son lit
de justice, le 18 du même mois. La séance ouverte, Gas-
ton d'Orléans et Henri de Condé se désistèrent des avantages que pouvaient leur assurer des clauses particulières
de l'acte dressé par le dernier roi. Sur ce, le chancelier
déclara qu'il était à désirer que la reine prît la *régence*,
attendu qu'*après neuf exemples dans ce royaume; elle
était rendue ordinaire et légitime*, mais qu'il fallait lui laisser *puissance et liberté entière*. Sur quoi, l'avocat général
Omer Talon exposa que *dans les minorités des rois de
France, les princes du sang et les grands officiers de la
couronne étaient conseillers-nés de la* RÉGENCE, *les uns appelés par la naissance, les autres par élection; mais que le
conseil devait agir par persuasion et non par nécessité,
attendu que toutes les précautions contraires à la pleine
liberté de celui qui commande et qui consulte, dérogeaient
au principe et à l'unité de la monarchie.* Il ajouta que, *si
des clauses de cette espèce avaient été consenties et véri-
fiées, c'était un acte de pure obéissance du parlement, qui
avait agi avec douleur.* Il conclut à ce que le pouvoir gou-
vernemental et administratif restant libre et indivis dans
les mains de la *régente,* la volonté du feu roi fût encore
néanmoins réformée par l'élévation du duc d'Orléans à la
lieutenance générale du royaume. Enfin, son dernier mot
fut que ce prince serait *établi chef du conseil, et, lui absent, le prince de Condé, sous l'autorisation de la reine,
au pouvoir de laquelle il resterait d'en choisir les membres,
sans être assujettie à régler ses décisions sur la pluralité
des voix* (1).

Le parlement réformant et modifiant, pour ne pas dire
transformant *la très-expresse et dernière volonté* de Louis-
le-Juste, que la veuve de ce monarque avait pourtant
juré d'exécuter, accorda et sanctionna, sans difficulté,
tout ce qui lui fut demandé dans un sens qui flattait son
orgueil et favorisait ses prétentions.

(1) Dupuy, t. II, à la suite, mais surtout p. 276 et 381.

Terminons par le tableau affligeant que nous offre la cour suprême du royaume, consommant son œuvre d'usurpation et d'omnipotence parlementaire. Cette fois, elle casse, annulle, elle met au néant la volonté d'un grand roi, sans respect pour les mânes du plus puissant monarque et du plus sage législateur qu'eût jamais eu la France jusque-là; sans considération pour les exemples nombreux fournis par les siècles antérieurs.

La manière dont s'y était pris Louis XIV, au lit de la mort, pour régler ce qui concernait la minorité de son successeur, rappelle la sage loi de 1407 (1). En effet, il avait commis *la tutelle et la garde* du jeune prince, son arrière-petit-fils, à un conseil de *régence* dont les membres nommés par lui devaient être présidés par Philippe, duc d'Orléans, sans autre prérogative que la prépondérance, en cas de partage des voix (2). A en croire Hénault, le duc du Maine était spécialement chargé *de veiller à la sûreté de la personne et à l'éducation du jeune roi mineur* (3).

La date du testament était du 2 août 1714. Le 30 du même mois, le roi l'envoya au parlement avec un édit qui en ordonnait le dépôt au greffe, jusqu'après sa mort; ce qui fut observé. Mais à peine le monarque eut-il fermé les yeux, le 1er septembre 1715, que, le lendemain même, contrairement à l'avis du premier président de Mesme, et malgré ses instantes réclamations et vives protestations, la cour suprême adopta que la *régence* du royaume et la garde du nouveau roi appartenaient au duc d'Orléans, au titre de premier prince du sang, mais que la *présidence du conseil* serait laissée au duc de Bourbon, et la *surintendance de l'éducation* du mineur, au duc du Maine (4).

Les *exemples anciens* que mit en avant l'ambitieux Philippe, dans la honteuse supplique qu'il vint mettre

(1) Lemiers. Hist. de Louis XIV, t. 1, p. 80.
(2) *Id.* Hist. du duc d'Orléans, t. 1, p. 116.
(3) Nouv. abrég. chron. de l'Hist. de France, t. iii, p. 934.
(4) Berwick, t. ii, et Mém. de la Rég., t. i.

aux pieds du parlement, accusent d'autant mieux son ignorance ou sa mauvaise foi, qu'ils sont plus éloignés, comme le lécteur peut en juger, maintenant que tous les cas de *régence* de la monarchie lui sont passés sous les yeux, de prouver que *sa requête était conforme aux lois du royaume* (1). Mais le corps dont il s'était fait l'instrument servile, et auquel il avait promis plus qu'il ne put jamais tenir, ne l'en déclara pas móins *régent* du royaume, contre les lois de la politique, l'intérêt des mœurs, et la volonté manifeste de Louis-le-Grand.

MÊME RACE. — MÊME BRANCHE. — (PROSCRIPTION. — RÉPUBLIQUE.)

Depuis ce temps, et lors de l'assassinat juridique de l'infortuné Louis XVI, un nouveau cas de *régence* se présenta le 21 janvier 1793. Le roi martyr, dans l'impossibilité de prévoir où s'arrêterait l'aveugle vengeance *de ceux qui étaient ses sujets*, se borna à donner à son fils, *si jamais il avait le malheur d'être roi*, des conseils paternels qu'il consigna dans l'immortel testament confié aux membres de la commune, sans rien statuer sur sa minorité. D'ailleurs, de quelle utilité eussent été, dans cet horrible temps, des dispositions pour la *régence?* Louis XVII en fût-il moins mort dans les geôles de la république?

Cependant la constitution de 1791 (2) avait suppléé au silence du monarque, et si les bourreaux eussent été capables de sentir la conséquence d'un principe, même d'usurpation, ils eussent trouvé, consacré celui que, *pendant la minorité du roi, le plus proche en degré suivant l'ordre de l'hérédité au trône, et âgé de 25 ans accomplis, devait avoir la régence* (3). Mais une assemblée qui ve—

---

(1) Anquetil. Hist. de France, Louis XV, année 1715.
(2) Desenne. Code général français, t. 1, p. 26 et 27.
(3) Procès-verbaux de l'assemblée constituante.

naît d'assassiner son roi-pouvait-elle tenir compte d'un
principe? Elle le devait pourtant, malgré son changement
d'assemblée constituante en convention nationale-et la
proclamation du 22 septembre 1792 (1), puisque le serment de la fédération de juillet 1790 (2) et l'acceptation
du 14 septembre 1791 (3) donnaient à cette ombre de
constitution un caractère que le nouveau fantôme de constitution de 93 pût seul lui ôter (4).

Ainsi que toutes-les constitutions données et à donner aux
peuples constitués depuis des siècles, celle qu'un parti
de factieux avait imposée à la France en 1791 montrait
qu'elle était l'œuvre de la partialité et des intérêts privés,
en ce qui regardait la *régence* : en effet, elle assujettissait
le *régent* à la formule révoltante du serment civique, et
excluait les femmes de toute participation à la *régence*, si
ce n'est qu'elle laissait la garde du mineur à celle qui en
serait la mère.

Il y a plus, et c'est une inconséquence bien digne de
remarque : œuvre de la prétendue souveraineté du peuple,
cette constitution, comme si elle se fût-défiée des représentans une fois nommés par le peuple, leur avait refusé le
pouvoir de faire des *régens,* eux qui, plus tard, à force de
métamorphoses, eurent non-seulement le droit et le vote
pour la confection des lois, mais même purent déposer-et condamner les rois! C'est pourquoi il y était statué
qu'à défaut de parens du prince mineur, les électeurs se
réuniraient *ad hoc* dans leurs districts respectifs, pour
donner un mandat spécial à de nouveaux commissaires,
exclusivement pour l'élection d'un *régent.* Cette disposition, quoique demeurée sans effet, avait au moins cela de

(1) Ségur. Tabl. hist. et polit. de l'Europe, t. ii, p. 278 et suiv. —
Fantin des Odoards, t. ii, p. 291. — Le Moniteur de 1792, Nᵒˢ 266
et 267.

(2) Rabaut Saint-Étienne, p. 182 et suiv. — Moniteur de 1790,
Nᵒ 197.

(3) Procès-verb. déjà cités.

(4) Ségur, t. iii, p. 73. — Fantin des Odoards, t. iii, p. 231. — Moniteur de 1793, Nᵒ 178.

bon, qu'elle consacrait de nouveau l'ancien droit qu'avait la nation d'intervenir, d'une manière spéciale, dans la résolution des cas de régence. Ce serait une faute à nous si nous ne mettions à profit cette inconséquence de la révolution avec elle-même, et si nous ne regardions cet article comme un hommage rendu à la vieille constitution par ceux qui s'étaient mis en révolte ouverte contre elle sur tant d'autres points (1).

L'auteur des *Mémoires de Richelieu* raconte sérieusement (2) que le fameux *régent* ayant trouvé dans les mains du duc de Chartres, encore enfant, un ouvrage sur *les Droits de la Nation* pour le choix d'un régent, lui dit que la *naissance n'était pas un droit incontestable à ce titre, et que lui ne le tenait que par usurpation.* Ce qui put être vrai pour le duc d'Orléans, ne dut pas l'être pour Monsieur, comte de Provence, frère de l'infortuné Louis XVI et oncle de l'innocent Louis XVII; car il y avait, après le meurtre illégal et impolitique du roi, urgence de pourvoir, en dépit du principe révolutionnaire, aux intérêts de la France et du trône, et nécessité obligatoire de protester, au nom du roi mineur, contre tous les actes auxquels son trop malheureux père avait été forcé de donner sa sanction, ayant cessé d'être libre depuis le serment extra-légal du jeu de paume (3), sous les assemblées dites nationale, constituante et législative, jusqu'au règne de la terreur, sous la hideuse convention (4).

Aussi, quoique contraint à fuir hors du territoire pour soustraire sa tête au supplice qui le menaçait dans sa patrie, le comte de Provence, fils de France, s'empressa-t-il, après la funeste catastrophe du 21 janvier, de donner la déclaration de Hamm en Westphalie, à la date du 28 du même mois. Le prince exprimait, dans les ter-

(1) Desenne et Procès-verb. déjà cités.
(2) T. II, p. 220.
(3) Précis de l'histoire de la Révol., par Rabaut Saint-Étienne, p. 84 et suiv.
(4) Monit. de 1792, N° 340 et suiv., et N° 21 de 1793.

mes les plus énergiques, la plus vive indignation contre *le crime* qui venait de souiller la terre de France et contre *l'usurpation de l'autorité souveraine* par une poignée de factieux, et y déclarait que, *par droit de naissance et par les dispositions des lois fondamentales du royaume, le dauphin, Louis-Charles, était roi de France et de Navarre, sous le nom de Louis XVII ; qu'en vertu des mêmes droits et principes, lui, Monsieur, était, serait et agirait comme régent de France durant la minorité du roi son neveu et seigneur ; qu'il en exercerait toutes les charges, avec l'aide de Dieu, le secours de tous les bons Français et de tous les ordres du royaume.* Ensuite, reconnaissant *la reine pour tutrice*, il promettait, *pour l'acquit de ses obligations et devoirs, de s'employer au rétablissement de la monarchie, sur les bases inaltérables de sa constitution, à la réformation des abus* (1).... etc......

Tous les princes, excepté les d'Orléans, étaient unanimes avec le régent. Le même jour furent expédiées des lettres-patentes adressées au comte d'Artois par Monsieur, son frère, par lesquelles cet autre oncle de Louis XVII était *nommé et substitué lieutenant général du royaume, en vertu des pouvoirs du régent,* avec charge et injonction *d'agir de par le roi et le régent de France, avec tous les pouvoirs que celui-ci pouvait déléguer* (2).

Les deux actes dont nous avons donné la substance sont des pièces d'autant plus curieuses et intéressantes, qu'étant les seuls monumens légaux de ce règne d'infortune et de calamité, ils sont encore un anneau de la chaîne immense que nous travaillons à former, et à la fois un témoignage des sentimens vraiment français qui animaient les princes, présomption certaine que si, vingt et un ans plus tard, il eût été libre de toute influence doctrinaire, Louis XVIII, rendu à ses foyers, n'eût pas démenti la conduite du *régent de France* exilé.

(1) Monit. du 26 février 1793, et mieux l'*Annual Register* de la même année, p. 136, *state papers.*
(2) *Id., ibid.*

Si, comme dit le proverbe, *nécessité n'a pas de loi*, ne peut-on pas, sans difficulté, reconnaître la déclaration du 28 janvier 1793 comme un acte authentique et obligatoire, quoiqu'il lui ait manqué la double formalité d'être publié en France et homologué dans les formes ? Sans doute, car, sans nous appuyer ici de l'adage *ubi rex, ibi patria*, toutes les fois qu'il y a violence, n'avons-nous pas, dans le cours même de cette discussion, plusieurs exemples de lettres semblables expédiées à l'étranger et reconnues comme ayant force de loi ?

Quant à l'enregistrement, il semble que les princes ayant, aux termes de la déclaration, été chargés d'y pourvoir, autant que faire se pourrait et aussitôt que les circonstances le permettraient ; que l'un et l'autre acte ayant été revêtus de la signature du régent et de son sceau ordinaire, à défaut du sceau de l'État, brisé par les séditieux (1), contre-signé par les maréchaux de Broglie et de Castries, tous deux Français, on ne peut se refuser à leur accorder le caractère de la légalité. D'ailleurs, leur publication en France a eu lieu par les voies employées pour les pièces légales du temps, la divine Providence ayant permis que l'organe du gouvernement le plus officiel et le plus répandu, le *Moniteur*, les publiât, sans récusation, réfutation ni commentaire, dans son numéro du 26 février 1793, sous le titre formel de *Déclaration du régent de France !*

MÊME RACE. — MÊME BRANCHE. — (PROSCRIPTION. — USURPATION.)

Tant que la France put croire que le retour désiré de ses rois n'était que retardé, elle souffrit que le général Bonaparte se fît déclarer consul, et ensuite proclamer empereur, parce que cet acte d'usurpation même ramenait les esprits aux idées monarchiques. Mais dès qu'elle vit clairement que, non content d'étendre son pou-

(1) Procès-verb. de l'assemblée constituante, 1791.

voir sur elle, il songeait à consommer son usurpation en se donnant des successeurs au mépris des lois divines et humaines, elle cessa de le soutenir, ne trouvant pas que l'ombrage passager de quelques lauriers fût un dédommagement suffisant pour le sacrifice de sa liberté, de ses enfans et de ses trésors; c'était déjà trop de dix ans. Ce fut alors qu'elle le laissa écraser par les cohortes réunies de vingt puissances qui venaient de s'allier pour venger mille affronts. Dans ce moment critique, Napoléon, accoutumé à prendre les représentans de cette noble France pour un troupeau d'esclaves, signifia au sénat conservateur que, conformément aux lettres-patentes du 23 janvier 1814 (1), il eût à reconnaître pour *régente*, durant son absence, Marie-Louise d'Autriche, sa seconde femme, instituée, par lui, avec des pouvoirs limités aux affaires ordinaires. Par cet acte, Napoléon singeait la monarchie de quarante-sept rois; et qui pourrait dire qu'il n'avait pas raison de croire que, comme aux temps passés, il était en droit de déférer et de circonscrire la *régence*, selon son bon plaisir?

Comme on le voit, en homme de tact, l'empereur Napoléon avait pris ses précautions d'avance. Comme il tenait surtout à passer pour chef d'une quatrième dynastie, il se gardait bien de considérer la révolution à laquelle il devait son trône comme ayant fait table rase; au contraire, il saisissait toutes les circonstances opportunes pour dire lui-même et faire répéter, surtout par ses officiers, grands et petits, qu'il ne répudiait rien des quatre races précédentes de ce qui pouvait garantir les libertés publiques et la stabilité du trône. Ayant bien étudié, dans l'histoire, tout ce que la France avait, dans les époques critiques, manifesté d'amour, d'affection, de dévouement pour ses rois; persuadé que c'était l'acte d'un politique habile que de rendre, autant que ses propres intérêts le permettaient, à cet élan naturel de la nation française toute son élasticité; sentant sous ses pieds le sol de France résonner sans

____

(1) Moniteur universel, auxdits jour et an.

cesse des mots de monarchie, de légitimité, d'hérédité, il résolut d'exploiter, au profit des descendans qu'il espérait, cette propension indestructible vers les idées d'ordre et de stabilité.

En conséquence, dès 1813, se sentant revivre dans la personne du roi de Rome, enfant que son second mariage avec l'archiduchesse d'Autriche Marie-Louise, petite-fille de l'illustre Marie-Thérèse, nièce de l'infortunée Marie-Antoinette, lui avait donné, il fit préparer, par le conseil d'État, un projet de sénatus-consulte organique, loi future pour les cas de minorité, de tutelle et de *régence*.

Les constitutions de l'empire contenaient bien quelques dispositions relatives à cette matière (1); mais elles étaient loin d'être en harmonie avec les pensées et projets de Bonaparte se croyant, pour jamais, affermi sur le trône.

Les comtes Regnault de Saint-Jean-d'Angely et Defermont apportèrent donc au sénat conservateur, par ordre de l'empereur, le projet élaboré par le conseil d'État. Communication faite et acte donné aux commissaires de la présentation du projet de loi, le prince archi-chancelier prit la parole et dit : *qu'on avait senti le besoin de faire revivre des usages consacrés dans nos fastes et fondés sur les anciennes mœurs de la nation, avec le droit non contesté qu'avait le souverain de disposer de la régence par lettres-patentes ou par testament* (2).

Le comte Regnault fit ensuite l'exposé des motifs, au nom du conseil d'État, et rappela à l'assemblée *l'expérience des nations, les leçons de l'histoire et les traditions de la monarchie française dans les exemples offerts par ses annales* (3). Il assura que la *régence n'avait jamais été déférée, en France, en vertu de lois générales*, et rappela, à cette occasion, la loi inexécutée de Charles V (4). *Le*

---

(1) Sénatus-consulte organique du 28 floréal an XII (18 brumaire 1804), dans Paillet. Droit public des Français, p. 566.

(2) Moniteur du 6 février 1813, N° 37.

(3) *Id.*, *ibid.*

(4) Dupuy. Traité de la major. des rois, t. 1, p. 227.

suffrage des peuples; ajouta-t-il en résumant les divers‑ modes adoptés pour les *régences, le vœu des grands, les résolutions du conseil, les testamens des monarques, les arrêts des parlemens, ont presque toujours, sous l'influence secrète des passions, de l'intrigue, de la séduction, de la corruption ou de la force, déféré la* RÉGENCE *de l'État* (1). L'orateur avoua qu'au milieu de ces exemples variés, *les régences* des reines-mères s'offraient le plus fréquemment dans nos annales, comme *les plus conformes au vœu de la nation et à l'intérêt de l'État* (2). Puis il se rejeta sur les garanties naturellement offertes par la tendresse mater‑ nelle.

Ainsi, tout l'exposé des motifs de la loi impériale du 6 fé‑ vrier 1813 tendit à prouver ce que nous avons démontré dans notre discussion ; et le comte Pastoret, au nom de la commission spéciale nommée à l'effet d'examiner le projet de sénatus-consulte, acheva de confirmer, dans un dis‑ cours aussi savant qu'impartial et éloquent, les motifs du projet dont la teneur fut adoptée dans les formes et termes que nous pourrions désirer aujourd'hui, sauf les égards dus aux temps, aux circonstances, aux principes que nous nous faisons gloire de défendre, tels que nous les trouvons écrits dans les maximes immémoriales du peuple fran‑ çais.

Ce n'est pas tout : le comte Pastoret, en payant le tri‑ but d'obéissance à la puissance du grand homme qui com‑ mandait, alors en maître à l'Europe, sut conserver, dans son rapport, l'indépendance d'un noble caractère. C'est pourquoi il ne craignit pas de s'appuyer de l'exemple *de plus de vingt reines* qui avaient été *régentes,* ni d'établir que l'usage en remontait au vme siècle, et que, dès ce temps, ces princesses avaient *le soin, l'administration, la tutelle et le gouvernement du royaume.* Le comte poursui‑ vit en citant le double exemple de la double *régence* des reines Alix de Champagne et Blanche de Castille qui don‑

(1) Monit., 1813, N° 37.
(2) *Id., ibid.*

nèrent lieu à tant de résistance d'une part, et à tant de protestations d'une autre. Ensuite, voulant montrer que la loi
se prononce formellement, en France, pour la maternité,
il mit en avant les ordonnances de Philippe-le-Bel,
en 1294 (1), de Charles V, en 1374 (2), et aussi de Charles VI, en 1392 (3) et en 1403 (4).

Chose étonnante que pourtant aujourd'hui personne
n'oserait chercher à établir et que le gouvernement dés-
avouerait hautement, M. Pastoret prouva que, conformément à la constitution de 1407 (5), *quelle que fût la minorité de l'empereur*, tous les actes devaient être portés en
son nom, attendu que *l'âge, qui fait beaucoup à la capacité de gouverner, ne fait rien à* LA TRANSMISSION ET À
LA CERTITUDE *du droit; car un roi de cinq ans, comme
furent Louis XIV et Louis XV, n'en est pas moins roi, et
nous en avons eu de plus jeunes encore que leur enfance n'a
pas empêchés de porter la couronne, et dont les noms se
trouvent à la tête de nos lois* (6).

Sur la composition du conseil de *régence*, le comte Pastoret renvoie à l'usage établi au temps de Charlemagne et
de Charles-le-Chauve, dont les actes se trouvent dans le
recueil des Capitulaires; il reconnaît que les Français voi-
sins du trône sont appelés à ce conseil par leur rang même et
leur capacité; que le souverain a le droit d'adjoindre, par testament ou lettres-patentes, aux personnes appelées par les
droits du sang ou par l'éminence de leurs fonctions, les citoyens que sa propre estime et le bien de l'État lui indi-
quent comme dignes de concourir à l'exercice d'une si
grande autorité. Ainsi l'ont pratiqué, au témoignage de
l'éclairé rapporteur, Philippe III, Charles V, Henri II,
Louis XII à l'égard de personnages étrangers à la famille

(1) Trésor des chartres. Régence des reines, Nos 4 et 5.
(2) Dupuy, I, p. 227, et Froissart, ch. 219.
(3) Encore Dupuy, t. I, p. 262 et suiv.
(4) Simon Fournival. Recueil général des Titres, ch. 3, et registre G
de la chambre des comptes de Paris, fol. 77.
(5) Voir pag. 25 de cet ouvrage.
(6) Monit. du 6 février 1813, N° 37.

royale, mais recommandables par leurs services, leurs lumières et leurs vertus (1).

Nous nous sommes appesanti sur ces détails qui nous sont fournis par les hommes de l'empire, non parce que nous les adoptons tous comme pouvant servir notre doctrine, à l'aide d'un changement de titres et de noms, mais parce qu'ayant été recueillis, discutés, proposés et adoptés par leurs conséquences dans la loi du 6 février 1813, on doit leur accorder une autorité d'autant plus grande que les membres de l'assemblée d'alors sont, pour la plupart, encore membres de nos assemblées actuelles.

Et certes, si ce n'était le défaut de recours à la nation, si ce n'était cette reconnaissance du droit des reines régentes, des étrangers que la loi restreint à cinq ou six grands dignitaires de la couronne, par le fait seul de minorité, nous serions tenté d'engager la France à regarder ce sénatus-consulte de l'empire comme une loi excellente pour l'établissement royal.

Entre autres dispositions, il y en a une qui nous a paru infiniment sage, celle de l'art. 22, qui interdit au *régent* ou à la *régente* d'éloigner du conseil aucun des membres primitivement désignés. Si nos anciens monarques eussent eu soin d'adopter une pareille disposition et d'en faire une loi fondamentale et invariable, qui doute que le trône et la nation n'en eussent tiré d'immenses avantages ? Plaise à Dieu que, le cas échéant, cette leçon de l'histoire et de l'expérience ne soit pas perdue pour la France !

MÊME RACE. — MÊME BRANCHE. — (RESTAURATION. — RÉVOLUTION DE 1830.)

Si nous nous sommes décidé à nommer ici la république et l'empire, ce n'est que pour mémoire et pour conserver aux faits la suite accidentelle qu'ils ont eue dans l'histoire. Voici qui est plus intéressant.

Ce ne sera pas sans demeurer étrangement surpris, que

______

(1) Monit. du 6 février 1813, N° 37.

nos neveux verront le peuple le plus spirituel du monde rendu, par l'esprit de parti, le peuple le plus inconséquent. Pour peu que le bon sens domine les temps futurs, que diront-ils de notre xixme siècle, de notre France, d'une grande nation faisant guerre ouverte à tous les faits des temps précédens, et remplaçant leurs enseignemens par la découverte d'un moyen sans contredit efficace et infaillible, mais inaccessible, jusque-là, aux efforts et à la pénétration de l'esprit humain, pour soustraire les empires aux inconvéniens des *régences?* Certes, nous sommes personnellement de ces hommes que le jugement des organes du vieux libéralisme a rangés dans la classe du peuple *le plus ignorant et le plus abruti;* mais nous osons dire que, malgré l'état *d'ignorance* et *d'abrutissement* dans lequel les dominateurs du siècle se plaisent à nous supposer, nos faibles lumières nous eussent peut-être permis d'aviser non moins sagement. Racontons.

Depuis 1814 jusqu'en 1850, le gouvernement français fut une *monarchie représentative* dans laquelle le roi gouvernait, conformément aux lois faites par le concours de trois pouvoirs : le *roi;* la *chambre des pairs* composée de membres dont la dignité était héréditaire et le nombre illimité; la *chambre des députés* dont les membres, au nombre de 450, étaient élus par les départemens, avec certaines conditions restrictives de cens pour les électeurs et les éligibles (1). Il arriva que, travaillée par *un malaise indéfinissable, la chambre des députés* voulut imposer au roi le choix de ses ministres, le menaçant de lui *refuser son concours* (2), s'il n'agissait au gré de la majorité de ladite chambre, dans laquelle cinq voix avaient fait pencher la balance dans un sens que les appréhensions paternelles du monarque trop justifiées depuis par les événemens, pouvaient, peut-être avec quelque raison, lui faire considérer comme hostile au trône et à la sûreté de l'État. Pour tout autre prince que Charles X, cette menace illé-

(1) Charte constitution. de 1814.
(2) Moniteur univ., années 1828 et 29.

gale, en ce qu'elle déclarait l'omnipotence d'un seul pouvoir sur les deux autres, n'eût été que ridicule : mais il voulait gouverner selon les lois, et son honneur répugnait à briser, autrement que par les lois, cet obstacle de cinq voix dans une seule chambre. Mais, quand il vit que c'en était fait de cet équilibre anglais reconnu pour être l'âme, le souffle, la condition indispensable du gouvernement représentatif, tel que l'avait fait la Charte doctrinaire ; que c'était chose arrêtée entre les hommes les plus opposés apparemment en principes, de se donner la main pour porter atteinte à la dignité de la couronne ; que, plus que jamais, la sûreté de l'État était en danger, il résolut de le sauver à tout prix. Prenant alors un pouvoir au-dessus des lois ; rassuré par l'exemple de son frère (1) qui avait déjà fait usage de ce pouvoir, caché sous les termes ambigus de l'article 14 de la Charte constitutionnelle, il fit lui-même ce qu'il eut dû laisser faire à la chambre des députés ; mais cette déclaration d'omnipotence royale produisit, sur la nation, l'effet que n'eût pas manqué d'avoir la déclaration d'omnipotence démocratique. Les passions réunies exploitèrent à leur profit l'imprudence du monarque, et en trois jours son trône fut brisé.

Cependant, en expiation de la faute qu'il avait commise pour n'avoir pas réussi à ramener l'État dans une situation sûre, Charles X retira ses ordonnances du 25 juillet 1830, consentit à prendre pour ministres les hommes que lui imposait la chambre des députés, et abdiqua le souverain pouvoir. Le dauphin, son fils, roi un moment, sous le nom de Louis XIX, en fit autant. Tous deux, conformément aux anciens usages, nommèrent lieutenant général du royaume Louis-Philippe d'Orléans, chef de la branche cadette de la maison de Bourbon, et le chargèrent de faire proclamer roi Henri d'Artois duc de Bordeaux, petit-fils de Charles, neveu de Louis-Antoine, et petit-cousin de Louis-Philippe (2).

(1) Ordonn. du 5 septembre 1816.
(2) Monit. univ. de 1830.

Les choses étant en ces termes, si le bouleversement social qui venait d'avoir lieu eût été sincèrement l'effet de l'esprit national défendant ses libertés, toute satisfaction était donnée ; la Charte, pour la conservation de laquelle on s'était battu, fût demeurée intacte, la légitimité eût conservé ses droits.

Mais le petit nombre d'hommes trompés ou de bonne foi que les ordonnances avaient soulevés, se trouva dominé par une masse compacte et encore armée, avec des mobiles et des intérêts divers.

Dire comment tant de passions se donnèrent la Charte dont elles maudissaient toutes l'origine, pour mot de ralliement ; comment s'accrédita le pouvoir du gouvernement provisoire ; comment un prince du sang, le même à qui la restauration expirante avait confié ses plus chers intérêts, se trouva être l'homme que cherchait la réunion de l'Hôtel-de-Ville, c'est ce que de savans publicistes et les débats, postérieurement survenus entre les partis, ont déjà mis à découvert.

Mais ce qu'il importe de constater ici, c'est la déclaration par laquelle 219 membres seulement de la chambre des députés, comptant pour rien l'avis des 211 membres absens, l'opinion de la chambre des pairs et la proposition nécessaire du roi, aux termes formels de la Charte, qui, pour avoir été violée, si l'on veut, dans l'une de ses dispositions au moins sujette à interprétation, n'était pas moins en vigueur, trouvèrent dans la *nécessité* et l'urgence des circonstances un mandat suffisant de souveraineté, en vertu duquel ils s'appelèrent mutuellement, par un *motu proprio*, à reconstituer la nation.

Il est certain qu'une fois saisie du pouvoir constituant qui venait de précipiter Charles X de son trône, la chambre unique n'avait plus à s'occuper de parer, comme on disait, aux malheureuses suites d'une *régence ;* car le moyen le plus simple de n'avoir plus à émonder un arbre, c'est de le déraciner. Une plume plus habile ou plus libre que la nôtre expliquera peut-être un jour le profond mystère dont le voile permit d'apercevoir ce qu'il y avait d'imaginaire dans la peur qu'inspirait un *régent* ou une *régente* à la France, tandis qu'au dire des briseurs de trône, elle apparaissait heureuse d'avoir un roi autre que les trois dont les sceptres, en tombant par éclats, ne l'avaient nullement effrayée.

Quoi qu'il en soit et qu'il doive advenir, comme si jamais *peuple civilisé eût souffert que le petit-fils fût rendu responsable des fautes de son aïeul* (1), Henri de France suivit dans l'exil ses ascendans dépossédés ; et l'axiome que *le roi ne meurt pas en France* fut cette fois démenti : car le pays, ainsi porté hors des limites de l'ordre, partie par l'inhabileté du ministère, partie par la mauvaise foi des factions, vit lacérer, sans passer à l'état de république, le principe de succession au trône à la conservation duquel il devait d'être insensiblement arrivé à la tête de la civilisation européenne depuis huit cents ans, et pourtant consigner authentiquement dans les archives de l'État, par suite d'une délibération parlementaire, l'acte par lequel une dynastie avait cru sauver la France et les droits de son dernier rejeton.

Ainsi donc, ce que l'audace des parlemens n'avait pu faire, l'allégation d'une situation extra-légale le fit, au préjudice du monarque, qui, déclaré *inviolable et sacré* par la Charte (2), paraissait encore devoir jouir de l'inviolabilité sous la sauve-garde de *ses ministres responsables*. Violentée dans les principes conservateurs qui la rendaient respectable aux ennemis du dehors et redoutable aux partis réduits, à l'intérieur, sans avoir besoin d'un demi-million de baïonnettes en permanence, la France accepta l'œuvre du 7 août qui l'arrachait à la crainte de l'anarchie. Mais, qu'on ne s'y méprenne pas, ce n'est point le principe fictif de la *souveraineté du peuple* dont la nation, revenue à elle-même des suites d'une commotion si violente, s'attendit à voir faire l'application ; elle espéra dans les effets de la *souveraineté nationale* produits par l'assem-

(1) Cicer. de nat. Deor., passage cité par Voltaire.
(2) Art. 13.

blée antique des États-généraux, et c'est encore aujourd'hui dans un appel général fait à elle-même, selon les formes des temps anciens, qu'elle aurait la plus grande confiance pour mettre fin aux discordes civiles : que tous ceux donc qui paient l'impôt, qui possèdent, qui ont intérêt à la con-. servation du sol chéri de la patrie, puissent déposer sans honte, sans restriction et sans dissimulation, le résultat de leurs pensées libres dans l'urne électorale de la com-mune, et nos plaies sont pour jamais cicatrisées.

« L'on tient, en France, pour loi certaine et indubi-tablé, dit Dupuy, au chap. Ier de son *Traité de la Majorité de nos Rois* (1), ouvrage entièrement fait dans le sens des vues ambitieuses des parlemens, « que jamais le royaume
« n'est vacant ; qu'il y a continuation de roi à roi ; que
« le mort saisit le vif, et que nous avons un roi, sitôt que
« l'autre est mort, sans attendre couronnement, onction,
« ni sacre, et sans aucune solennité. Suivant cette maxime,
« le parlement écrivant au roi Charles IX, l'an 1563, use
« de ces termes : *Quand, Sire, vous ne seriez âgé que*
« *d'un jour, vous seriez majeur, quant à la justice, comme*
« *si aviez trente ans, puisqu'elle est administrée en votre*
« *nom.* Cette loi ou cet usage est pour l'établissement des
« rois : mais parce que souvent un roi est appelé à la
« royauté en si bas âge, qu'il n'est pas capable de se gou-
« verner lui-même, bien loin de gouverner un royaume,
« il a été trouvé à propos d'y pourvoir, non pas par les
« lois et coutumes ordinaires, qui obligent le commun
« des hommes, mais par des règles plus utiles que l'on
« s'est pu imaginer, pour le bien et le repos de l'État. Ces
« règles néanmoins ont varié selon les nécessités pu-
« bliques. »

« En France, dit La Popelinière (2), les minorités ne
« sont pas réglées par le droit romain, aux pays cou-
« tumiers. »

« En Champagne et Beauvoisis, l'homme est majeur

---

(1) Édit. d'Amsterdam, chez les Jansons à Waesberge, 1722.
(2) Hist., liv. vi, ch. 154 et 158.

« à quinze ans, pour tenir héritage, faire hommage, et
« toutes autres choses, fors appeler ou défendre au com-
« bat, où l'âge de vingt et un ans est requis, à cause de la
« force du corps. »

« A Paris, en Normandie, Anjou, Touraine, le Mai-
« ne, etc....., l'homme est majeur à vingt et un ans, la
« fille à quinze ans. »

« *Lex Ripuariorum* faite par Thierry, fils de Clovis I,
« rend les hommes capables à quinze ans d'ester en ju-
« gement : *Lex Longobardorum,* à dix-neuf ans. »

« La minorité a deux degrés, dont le premier, quant aux
« mâles, finit avec la tutelle à l'âge de quatorze ans, et le
« second commence avec la curatelle au quatorzième an,
« pour durer jusqu'au vingt-cinquième an ; car celui qui
« est sous curateur est déjà comme demi-majeur. »

« On demande, dit Oldrade (1), si le roi doit cesser d'être
« en tutelle à quatorze ans et s'il peut alors administrer.
« Il me semble que oui ; car dès qu'on est capable de
« posséder charge ou dignité, on est par cela capable
« d'en faire les fonctions. D'ailleurs, un roi bien qu'in-
« capable à raison de son âge, ne peut errer, entouré qu'il
« est d'un conseil nombreux et des officiers de sa maison
« établis dès les temps anciens. Il y a plus, il me paraît
« *nécessaire qu'il gouverne par lui-même,* à cause des
« différends ordinaires entre les régens et tuteurs, diffé-
« rends qui tournent au détriment de l'État, mais qui dis-
« paraissent quand le roi prend le timon des affaires,
« assisté de sages conseillers qui seront ses guides dans le
« gouvernement. »

. Bartole (2) accorde au roi de cet âge plein et entier
pouvoir en fait de juridiction simple, mais il n'est pas
d'avis, qu'en fait d'administration, le prince puisse rien
faire sans curateur.

« Il faut en convenir, dit Charles Dumoulin (3), le

(1) Consilio 52.
(2) Ad. L. Quidam D. de re judicatâ, N° 13.
(3) Ad. § 29, N° 14, consuet. parisiens.

« roi n'est plus en tutelle après la puberté ; plus de cu-
« rateur, plus de régent, plus de ces administrateurs
« qui, sous des noms ambitieux, ne veulent que satis-
« faire leur cupidité. Ce n'est pas que j'entende qu'un
« roi pubère doive gouverner lui-même ; mais que tout
« se fasse, en son nom, par un conseil composé des
« grands et des principaux citoyens (*consilio aristocra-*
« *tico*), tellement tempéré, qu'aucun des membres, loin
« de prétendre à la couronne, n'ait la moindre supério-
« rité sur ses collègues. »

C'est sans doute cette variété d'opinions qui a produit
les manières diverses dont nous voyons qu'on a fait usage
dans la solution des quarante cas de *régence* qui ont eu
lieu depuis l'an 575 jusqu'en 1830, en y comprenant la
régence impériale de 1814. En effet, résumons-nous et
essayons de former un faisceau qui nous présente en bloc
l'image de ce qui a été fait ou souffert par la nation : que
remarquons-nous ? Six de ces cas résolus par la simple volonté des monarques manifestée en présence de témoins ;
cinq autres par testamens revêtus des formes légales ; quinze
par lettres-patentes expédiées avec les formalités d'usage ;
quatre par décision des États-généraux intervenant spontanément, ou confirmant le choix des rois ; deux par délibération des grands ; quatre par arrêt des parlemens, surtout de celui de Paris ; un par le parlement réuni aux
grands du royaume ; un autre par les grands et le conseil du roi ; un autre par les princes et les parlemens ;
trois par autorité spontanée ; et le dernier enfin par autorité de deux cent dix-neuf députés des départemens, or-
donnant le bannissement à perpétuité du pupille, dont la
minorité fut supposée devoir occasioner des troubles dé-
sastreux.

Dans cette énumération nous dépassons de trois, le
nombre des cas de *régence*, que nous avions, plus haut,
trouvé être de quarante. A bien compter même, nous
irions fort au-delà de quarante-trois ; mais ne faut-il pas
faire déduction des cas qui retombent plusieurs fois sur
le même mineur, par suite de différends et de contesta-

tions, et de ceux qui, pendant le temps d'incapacité morale ou physique de rois encore vivans, ont demandé
qu'il fût pourvu à la *régence*, plusieurs fois, sous le
même règne ?

Nous ne faisons pas difficulté de porter au nombre des
cas décidés par les États, ceux dans lesquels la nation
n'est réellement intervenue que par une fiction légale,
comme cela s'est pratiqué toutes les fois que les parlemens, les grands, les princes, les conseils qui, en cela,
remplissaient le rôle des États non convoqués, ont pris
sur eux de décider les questions graves et importantes de
la *régence*. La raison de cette conduite de notre part,
c'est qu'en cette terre de France, pays de liberté et de
franchise, la nation n'a jamais pu perdre ses droits d'intervention dans les cas de *régence* Cela est si vrai, que
les corps qui se sont emparés de ces droits au détriment
de la *souveraineté nationale*, n'ont jamais manqué de se
dire ses mandataires, chargés de la défense et du main-
tien de ses droits. De plus, c'est qu'il est à remarquer
que les cas sur lesquels les États ont été appelés à pro-
noncer seuls et sans adjonction, ont été les plus critiques et les plus embarrassans. Quelle responsabilité donc
sur ces fractions de la nation qui ont concentré en elles
seules et d'elles-mêmes, dans des circonstances si importantes, la plénitude des pouvoirs qui n'a jamais réellement résidé, en France, que dans une assemblée générale ! heureusement que, dans leur aveuglement, elles
nous ont conservé un principe vraiment imprescriptible,
quoique mesquin, amaigri, réduit et presque déna-
turé.

Si nous poussons la curiosité jusqu'à vouloir embrasser,
d'un coup d'œil, les personnes qui ont exercé la *régence*,
nous la trouvons déférée une fois à la sœur, une fois aussi
à la tante, deux fois à l'aïeule, deux fois pareillement à
l'épouse, vingt-trois fois à la mère : en tout, vingt-neuf
fois aux femmes ; dix fois à des étrangers, vingt et une fois
aux princes du sang à des degrés plus ou moins rappro-
chés de la souche : en tout trente et une fois aux hommes,

parmi lesquels nous comprenons les quatre princes qui s'y
sont spontanément appelés. « Ce n'est pas , dit Dumoulin ,
« qu'il soit avantageux de laisser réunir une si grande
« somme de pouvoir administratif sur une ou plusieurs
« têtes, comme par droit et prérogative personnelle,
« mais c'est qu'il est des cas où de plus grands inconvé-
« niens surviendraient d'une conduite contraire. D'ail-
« leurs, quel soupçon peut tomber sur l'héritier pré-
« somptif et immédiat d'un roi qui a cessé d'être son
« maître , à l'abri, par son rang, de l'envie des grands,
« des princes et des courtisans , et soigneux de s'envi-
« ronner d'un sage conseil ? » (1)

Il ne faut pas croire que les soixante personnages qui
ont exercé la *régence*, depuis l'origine de la monarchie ,
jusqu'à nos jours , établissent contradiction avec le nombre
réel des cas : combien n'en avons-nous pas vu en effet
dans lesquels plusieurs têtes réunissaient ou partagaient
les mêmes fonctions, priviléges et attributions? De là vient
cette opposition apparente qui finit, après le plus léger
examen, par disparaître totalement.

Puisse cet opuscule être lu et médité de tous les Français
avec impartialité ! Notre devoir était de montrer que, malgré la multiplicité et la diversité des cas de *régence*, un
homme de bonne foi qui ne chercherait qu'à éclairer sa
conscience pouvait se faire des principes certains et rassu-
rans : nous l'avons fait, et voici ce que, comme nous et
avec nous, il trouverait de vraisemblable, très-probable
et presque certain :

1° Que la volonté du souverain déclarée authentiquement devrait, le cas se présentant, être une des conditions nécessaires de la *régence;*

2° Que les États seuls sont compétens pour juger dans
quels cas des considérations majeures devraient faire ex-
ception à cette première règle ;

3° Que, si le prédécesseur d'un roi mineur n'a rien décidé sur la tutelle ni sur la *régence*, à laquelle la minorité

(1) Molineus Ad. § 29, N° 14, consuet. paris.

donné lieu, ce serait pareillement aux États à suppléer à ce défaut;

4° Que, si un roi ayant tout réglé d'avance, dans l'éventualité d'une minorité et d'une *régence*, les hommes chargés de l'exécution de ses dernières volontés prenaient sur eux de n'y faire aucun droit, il appartiendrait encore aux États d'intervenir;

5° Qu'enfin, si les États étaient obligés à s'assembler d'office, par une raison majeure, le parti le plus sage qu'ils eussent à prendre serait celui de reconnaître au roi, *quelle que fût sa minorité*, l'exercice de ses droits de roi, sauf à lui adjoindre un conseil de *régence* avec responsabilité.

Que si l'on veut tirer de notre discussion quelques lumières sur les personnes aptes à exercer la tutelle séparée de la *régence*; que l'on revienne en arrière sur les anciens usages; qu'on y voie la part faite par la raison à la nature, dans la nomination à cette charge des mères de presque tous les rois pupilles; qu'on tienne compte des exceptions à cette règle nécessitées par des positions plus fortes que les liens de la nature.

Quant à l'aptitude pour la *régence*, pour peu que l'on veuille s'en rapporter aux temps précédens, l'avantage restera aussi du côté des mères; après elles, au plus proche parent à qui il sera donné de la réclamer, *sans reproche*; à défaut de l'un ou de l'autre, ou même si l'administration de l'un ou de l'autre, loin d'offrir des garanties à l'ordre et à la morale, présente des inconvéniens dangereux, il sera permis d'appeler un de ces hommes rares en probité et en habileté, entre les mains de qui la chose publique ne saurait courir aucun danger. Dans tous les cas, il paraît prudent de neutraliser le manque de lumières, l'impéritie, l'inexpérience et la tendance de l'intérêt personnel, par l'adjonction d'un conseil composé de gens d'honneur, instruits et expérimentés, que la nation assemblée ne peut manquer de rencontrer, quand il s'agit d'empêcher les affaires de péricliter.

Il est maintenant aisé de connaître pourquoi nous nous sommes soumis à de pénibles recherches : un point de notre droit public restait sans être parfaitement connu, par la raison peut-être qu'il était obscurément défini; une illustre et courageuse princesse revendiquait ce droit comme sien, par son titre de mère. Intimement persuadé que pas un royaliste indépendant, pas un légitimiste par principes ne saurait reconnaître à Mme la duchesse de Berri, le titre que lui ont suggéré de prendre les imprudens conseillers qui, *ne voulant rien apprendre, ni rien oublier*, ont déjà plusieurs fois compromis sa famille, nous avons cru devoir exposer des faits et en faire ressortir, de temps en temps, les conséquences que tout esprit juste en déduit naturellement. Malheureusement nous arrivons un peu tard; mais qui ne sait qu'une œuvre historique ne s'improvise pas comme une page d'idéologie?

Si jamais cette faible production d'une jeune plume toute française tombe sous la main de l'auguste princesse que nous affligeons peut-être, bien malgré nous, qu'elle n'oublie pas qu'agir contre les lois et coutumes d'un peuple, c'est mal remédier à la violence que d'autres ont faite à ces lois : *L'abus qu'un autre fait d'un pouvoir, même usurpé,* dit un écrivain du xviiie siècle, *ne nous donne pas le droit de nous en emparer.*

Pour nous, payant, avec tout ce qui porte un cœur français, notre tribut d'admiration au magnifique dévouement d'une mère qui se sacrifie tout entière aux intérêts de son fils, nous ne nous permettrons pas de qualifier cette *régence* éphémère et intempestive; nous dirons seulement que tout acte administratif qui n'a pas le caractère que donne la loi, ne saurait avoir l'approbation du grand nombre en ce pays de France.

Que si jamais la nation, assemblée d'après les bases des lois anciennes est appelée à intervenir, par son vote, dans la question présente et toutes celles qui intéressent l'ordre, la liberté et la gloire de notre France, le repos et la prospérité de tous, Marie-Caroline peut laisser faire en toute sécurité. Le peuple français ne peut la haïr, elle le sait; la nation passe pour légère, excepté dans l'amour de ses rois; toutes les fois qu'elle fut libre et livrée à elle-même, ne montra-t-elle pas sa prédilection pour tout ce qui était raisonné, conséquent, solide et bon ? Depuis quarante-trois ans qu'on la tourne et retourne sur l'instrument de supplice auquel les partis qui se succèdent l'ont alternativement attachée, elle assiste aux révolutions de palais et aux changemens de gouvernement, comme à un spectacle qui la distrait momentanément dans ses souffrances; l'arbitraire, les belles paroles, les chartes–mensonges et les chartes-vérités, c'est tout un pour elle, tant elle est résignée depuis que les utopistes l'ont assourdie de leurs déclamations. Mais que le doigt tout–puissant de Dieu la rende à elle-même; que les dépositaires du pouvoir osent avoir en elle la confiance que nous-même y avons, nous osons répondre que, poussées par les sentimens de gratitude et le besoin du bien-être, toutes les voix que le souffle de la révolte n'a point flétries, celles de l'immense majorité des Français, se réuniront en faveur de la justice et de la vérité, l'esprit de mensonge né pouvant corrompre une nation tout entière. D'ailleurs, qui n'a lu dans nos fastes cette maxime de droit public conservée dans les lettres de Clotaire II? *On convoque l'assemblée de la nation*, disait ce prince il y a douze cents ans, *parce que tout ce qui regarde sa sûreté commune doit être examiné et réglé par l'assemblée générale*, ET JE DOIS ME CONFORMER A TOUT CE QU'ELLE AURA RÉSOLU (1). Quel Français, s'il est digne de ce nom, n'adopterait, dans toute sa rigueur, la même conséquence, dût-il faire à la suprématie de la *souveraineté nationale*, manifestée par cette voie, le sacrifice de ses opinions et de ses intérêts personnels (2)?

(1) Greg. Tur., lib. VII, VIII. — Aimoin, liv. IV. — Frédégaire et P. Æmile.

(2) Voy. dans le comte Merlin tous ces faits discutés, *Rép. de jurisp.*, au mot *Régence*, et une savante dissert. sur le même sujet, dans le Lᵉ vol. des Mém. de l'Académ. des Inscript. et Belles-Lettres, et encore Henrion de Pansey, *des Assemb. nationales.*

FIN.